João Mauricio Rosario
Sylvie Mercier
Jean-Christophe Frachet

Insights práticos sobre o desenvolvimento urbano baseado em dados

João Mauricio Rosario
Sylvie Mercier
Jean-Christophe Frachet

Insights práticos sobre o desenvolvimento urbano baseado em dados

Do BIM à implementação de cidades inteligentes

ScienciaScripts

Imprint
Any brand names and product names mentioned in this book are subject to trademark, brand or patent protection and are trademarks or registered trademarks of their respective holders. The use of brand names, product names, common names, trade names, product descriptions etc. even without a particular marking in this work is in no way to be construed to mean that such names may be regarded as unrestricted in respect of trademark and brand protection legislation and could thus be used by anyone.

Cover image: www.ingimage.com

This book is a translation from the original published under ISBN 978-620-7-99796-1.

Publisher:
Sciencia Scripts
is a trademark of
Dodo Books Indian Ocean Ltd. and OmniScriptum S.R.L publishing group

120 High Road, East Finchley, London, N2 9ED, United Kingdom
Str. Armeneasca 28/1, office 1, Chisinau MD-2012, Republic of Moldova, Europe
Printed at: see last page
ISBN: 978-620-8-19086-6

Perspectivas práticas do desenvolvimento urbano baseado em dados

Do BIM à implementação de cidades inteligentes

J.M. ROSÁRIO - S. MERCIER - J.C. FRACHET

Perspectivas práticas do desenvolvimento urbano baseado em dados

Do BIM à implementação de cidades inteligentes

J.M. ROSÁRIO - S. MERCIER - J.C. FRACHET

Resumo

Como as áreas urbanas continuam a crescer a um ritmo sem precedentes, a necessidade de estratégias de desenvolvimento urbano inovadoras e eficientes nunca foi tão crítica. A transição do planeamento urbano tradicional para o desenvolvimento urbano baseado em dados marca uma evolução significativa na forma como as cidades são concebidas, construídas e geridas. Neste contexto, o papel da Modelação da Informação da Construção (BIM) e o conceito de cidade inteligente surgiram como elementos fulcrais na paisagem urbana moderna.

Este livro, **"Practical Insights into Data-Driven Urban Development: From BIM to Smart City Implementation"**, tem como objetivo colmatar a lacuna entre os conceitos teóricos e as aplicações práticas. Dá continuidade à discussão do volume anterior, aprofundando os aspectos pragmáticos do desenvolvimento urbano baseado em dados e oferecendo exemplos concretos para orientar os profissionais da área.

A promessa de um desenvolvimento urbano baseado em dados

O desenvolvimento urbano baseado em dados aproveita grandes quantidades de dados gerados por várias fontes, incluindo sensores, redes sociais e infra-estruturas urbanas, para tomar decisões informadas sobre o planeamento e a gestão das cidades. Esta abordagem promete melhorar a eficiência, a sustentabilidade e a habitabilidade dos ambientes urbanos ao

- **Otimização da atribuição de recursos:** Ao analisar dados sobre a utilização de energia, padrões de tráfego e procura de serviços públicos, as cidades podem afetar recursos de forma mais eficaz, reduzindo o desperdício e melhorando a prestação de serviços.
- **Melhorar a gestão das infra-estruturas:** A análise de dados ajuda a prever as necessidades de manutenção e a otimizar o ciclo de vida das infra-estruturas urbanas, desde estradas a serviços públicos.
- **Melhorar o envolvimento dos cidadãos:** As plataformas baseadas em dados permitem uma melhor comunicação entre as autoridades municipais e os residentes, promovendo uma abordagem mais participativa da governação urbana.

Do BIM à implementação de cidades inteligentes

A Modelação da Informação da Construção (BIM) revolucionou a construção e a gestão de edifícios, fornecendo uma representação digital detalhada das caraterísticas físicas e funcionais. Como as cidades pretendem tornar-se mais inteligentes, a integração do BIM com os dados urbanos torna-se crucial. Esta integração facilita a criação de ambientes urbanos mais resilientes, eficientes e adaptáveis:

- **Melhorar o desempenho dos edifícios**: O BIM permite a simulação e a otimização do desempenho dos edifícios, contribuindo para construções mais eficientes em termos energéticos e sustentáveis.
- **Permitir infra-estruturas inteligentes:** Ao incorporar dados BIM em sistemas de gestão urbana mais alargados, as cidades podem desenvolver infra-estruturas inteligentes que comunicam entre si e se adaptam a condições em mudança.
- **Apoio ao planeamento estratégico:** Os dados BIM fornecem uma visão detalhada das estruturas e sistemas existentes, ajudando no planeamento estratégico e na tomada de decisões para desenvolvimentos futuros.

Porque é que este livro é importante

Embora o potencial do desenvolvimento urbano baseado em dados e das cidades inteligentes seja amplamente reconhecido, o caminho para a sua implementação está repleto de desafios. Este livro procura abordar estes desafios, oferecendo ideias práticas e exemplos do mundo real que demonstram como traduzir teorias baseadas em dados em estratégias acionáveis. As principais contribuições incluem:

- **Estudos de casos e melhores práticas:** Estudos de caso detalhados de todo o mundo destacam implementações bem-sucedidas de iniciativas de cidades inteligentes e integração BIM, fornecendo aos leitores modelos replicáveis.
- **Orientação técnica:** Conselhos práticos sobre as ferramentas, tecnologias e metodologias necessárias para implementar projectos de desenvolvimento urbano baseados em dados.
- **Perspectivas políticas e de governação:** Debate sobre os quadros regulamentares, éticos e de governação necessários para apoiar iniciativas urbanas baseadas em dados.

Ao centrar-se em aplicações práticas, este livro visa equipar urbanistas, arquitectos, engenheiros e decisores políticos com os conhecimentos e ferramentas de que necessitam para impulsionar a próxima vaga de inovação urbana. Ao embarcarmos nesta viagem, esperamos inspirar uma abordagem ao desenvolvimento urbano mais orientada para os dados, sustentável e inclusiva, abrindo caminho para cidades mais inteligentes que satisfaçam as necessidades dos seus habitantes, hoje e no futuro.

Perspectivas práticas do desenvolvimento urbano baseado em dados

Do BIM à implementação de cidades inteligentes

Índice

Capítulo 1

Introdução

Bem-vindo a "Practical Insights into Data-Driven Urban Development: Do BIM à implementação de cidades inteligentes". Este livro tem como objetivo fornecer um guia abrangente e prático para compreender e implementar estratégias de desenvolvimento urbano baseadas em dados, integrando as mais recentes tecnologias e utilizando metodologias inovadoras.

À medida que os ambientes urbanos se tornam cada vez mais complexos e interligados, a necessidade de soluções eficientes, sustentáveis e inteligentes é fundamental. Esta introdução descreve a estrutura do livro e destaca a sua contribuição para a evolução do panorama das cidades inteligentes.

Figura 1.1: Cidade inteligente.

1.1 Descrição dos capítulos

O livro está organizado em nove capítulos, cada um deles centrado em diferentes aspectos do desenvolvimento urbano baseado em dados e da implementação de cidades inteligentes:

Capítulo 1: Introdução

Este capítulo introdutório prepara o terreno para o resto do livro, fornecendo uma visão geral dos tópicos abordados, a estrutura dos capítulos e os principais objectivos do livro. Sublinha a importância das aplicações práticas e dos exemplos do mundo real na compreensão e implementação dos conceitos de cidade inteligente.

Capítulo 2: Interface Homem-Máquina (HMI)

Este capítulo aprofunda o conceito de Interface Homem-Máquina (HMI), explorando o papel das interfaces gráficas de utilizador (GUI) na melhoria da interação do utilizador com os sistemas das cidades inteligentes. Inclui dois estudos de caso pormenorizados: um sobre a Volta a França e outro sobre uma padaria local francesa, ilustrando as aplicações práticas da HMI em diferentes contextos. O capítulo também fornece exemplos de implementação Python, oferecendo uma abordagem prática para compreender e desenvolver soluções HMI.

Capítulo 3: Utilização de APIs em Python

Neste capítulo, exploramos a utilização de APIs em Python, com foco no desenvolvimento de aplicativos que aproveitam as APIs RESTful para comunicação em rede. Examinamos o estilo arquitetônico das APIs REST, enfatizando sua natureza sem estado e o uso de métodos HTTP (GET, POST, PUT, DELETE) para interagir com recursos. O capítulo forneceu um guia detalhado sobre o uso da API OpenWeatherMap em um aplicativo Python, mostrando como buscar e exibir dados meteorológicos usando a biblioteca Tkinter. Também destacamos a importância de lidar com solicitações HTTP, processar dados JSON e atualizar dinamicamente a GUI. Além disso, discutimos várias estruturas e bibliotecas como o Tkinter para aplicativos de desktop e o Flask para aplicativos da Web, demonstrando como criar um aplicativo de clima funcional. Este capítulo serve como um guia fundamental para os programadores Python que pretendem integrar APIs nas suas aplicações, oferecendo ideias e exemplos práticos para melhorar a sua compreensão e capacidades na utilização de APIs.

Capítulo 4: Aplicações de bases de dados relacionais numa cidade inteligente

Aqui, o foco passa a ser a importância das bases de dados relacionais na gestão das grandes quantidades de dados gerados nas cidades inteligentes. O capítulo aborda os principais conceitos das bases de dados relacionais, a linguagem SQL e a implementação de esquemas relacionais no Excel. Inclui também estudos de casos práticos para demonstrar a aplicação destes conceitos em cenários reais de cidades inteligentes.

Capítulo 5: Aplicações em tempo real e sistemas incorporados

Este capítulo apresenta vários algoritmos de programação essenciais para sistemas incorporados e de tempo real em cidades inteligentes. Aborda o algoritmo de agendamento EDF (Earliest Deadline First), LLF (Least Laxity First) e ELFF (Enhanced Least Laxity First). São fornecidos exemplos práticos e estudos de casos para ilustrar a aplicação destes algoritmos em ambientes urbanos.

Capítulo 6: Aplicação de dados de tráfego aéreo e drones

A utilização de dados de drones para a localização e otimização de problemas em cidades inteligentes é o foco deste capítulo. Discute-se o cálculo de trajectórias de voo optimizadas e apresenta-se um exemplo numérico de trajectórias de seguimento de aviões. O capítulo destaca o potencial da tecnologia de drones para melhorar a gestão urbana e a resolução de problemas.

Capítulo 7: Servidor HTTP de robô móvel e emissor-recetor de drone

Este capítulo explora a implementação de servidores HTTP de robôs móveis e de sistemas emissor-recetor de drones. Inclui exemplos práticos para ilustrar como estas tecnologias podem ser aplicadas para melhorar as infra-estruturas e os serviços urbanos.

Capítulo 8: Modelo de classificação usando CNN

O capítulo aborda a utilização de Redes Neuronais Convolucionais (CNN) para a deteção e análise de problemas em cidades inteligentes. Apresenta um exemplo pormenorizado de classificação de imagens com e sem deteção de incêndios, juntamente com a implementação de CNNs. A secção de resultados e comentários oferece informações sobre a eficácia destes modelos.

Capítulo 9: Deteção abrangente em aplicações para cidades inteligentes

Este capítulo centra-se na aplicação da deteção compressiva e da reconstrução esparsa em cidades inteligentes. Inclui exemplos práticos, como veículos inteligentes equipados com sensores LIDAR e drones quadricópteros para SLAM (Simultaneous Localization and Mapping). O capítulo também aborda a navegação e o mapeamento autónomo de drones em ambientes urbanos.

Capítulo 10: Conclusões e perspectivas

O capítulo final resume as principais conclusões e ideias do livro. Fornece uma perspetiva sobre o futuro do desenvolvimento urbano baseado em dados e da implementação de cidades inteligentes, destacando áreas potenciais para investigação e desenvolvimento futuros. Os estudos de caso são revisitados para reforçar as aplicações práticas discutidas ao longo do livro.

1.2 Conclusão

Em conclusão, este livro tem como objetivo fornecer um guia prático para profissionais e investigadores envolvidos no desenvolvimento urbano e em projectos de cidades inteligentes. Ao oferecer estudos de caso pormenorizados, exemplos práticos e guias de implementação práticos, esperamos colmatar o fosso entre a teoria e a prática. Os capítulos foram concebidos para dotar os leitores dos conhecimentos e ferramentas necessários para implementar eficazmente soluções baseadas em dados em ambientes urbanos, abrindo caminho para cidades mais inteligentes, eficientes e sustentáveis.

A maior parte das figuras deste livro são geradas com recurso a Inteligência Artificial e comissariadas pelos autores para uma melhor compreensão.

Capítulo 2

Interface Homem-Máquina (HMI)

Nesta aplicação, mergulhamos no fascinante mundo das Interfaces Homem-Máquina (IHM), explorando a forma como estas facilitam a interação entre os utilizadores e os sistemas informáticos. O foco será nas interfaces gráficas de utilizador (GUI), que utilizam vários objectos gráficos para permitir que os utilizadores interajam com aplicações de software de forma intuitiva.

Ao explorar estes tópicos, este tema tem como objetivo proporcionar uma compreensão aprofundada dos princípios e práticas envolvidos na conceção de interfaces homem-máquina, com destaque para as interfaces gráficas de utilizador e as suas aplicações na tecnologia moderna.

2.1 - Conceito de HMI

As interfaces homem-máquina são cruciais para colmatar o fosso entre os seres humanos e as máquinas, fornecendo uma plataforma através da qual os utilizadores podem comunicar e controlar vários sistemas informáticos. A conceção eficaz da HMI melhora a experiência e a eficiência do utilizador, tornando os sistemas complexos mais acessíveis e fáceis de utilizar.

Nesta aplicação, mergulhamos no fascinante mundo das Interfaces Homem-Máquina (IHM), explorando a forma como estas facilitam a interação entre os utilizadores e os sistemas informáticos. O foco será nas interfaces gráficas de utilizador (GUIs), que utilizam vários objectos gráficos para permitir aos utilizadores interagir com aplicações de software de forma intuitiva.

2.2 - Interfaces gráficas de utilizador (GUI)

As interfaces gráficas de utilizador são um subconjunto da HMI que utiliza elementos gráficos para representar informações e acções disponíveis para um utilizador. As GUIs são parte integrante do software moderno, permitindo aos utilizadores interagir com programas através de componentes visualmente intuitivos. Estas interfaces utilizam normalmente uma variedade de objectos gráficos que podem ser manipulados através de dispositivos apontadores, como um rato ou dispositivos hápticos.

Os objectos gráficos são os blocos de construção das GUIs, fornecendo aos utilizadores elementos interactivos para executar tarefas e introduzir dados. Os objectos gráficos comuns incluem:

- **Caixas de texto**: Permitem aos utilizadores introduzir dados de texto.
- **Caixas de verificação**: Permitem que os utilizadores façam várias selecções a partir de uma lista de opções.
- **Botões de rádio**: Permitem que os utilizadores seleccionem uma única opção de um conjunto de escolhas.
- **Botões de pressão**: Desencadeiam acções específicas quando clicados.

- **Menus**: Fornecem uma lista de opções ou comandos que o utilizador pode selecionar.

Estes elementos são concebidos para serem intuitivos, garantindo que os utilizadores possam navegar e utilizar o software com facilidade. Normalmente, são controlados com um rato, mas também podem ser manipulados através de ecrãs tácteis ou dispositivos hápticos, melhorando a acessibilidade.

2.3 - Estudo de caso 1 - A Volta a França em imagens

O objetivo desta aplicação IHM é o desenvolvimento de uma interface gráfica interactiva destinada a explorar a riqueza geográfica e urbana de França. Esta aplicação permite aos utilizadores interagir diretamente com um mapa de França, clicando nas diferentes regiões (Figura 2.1).

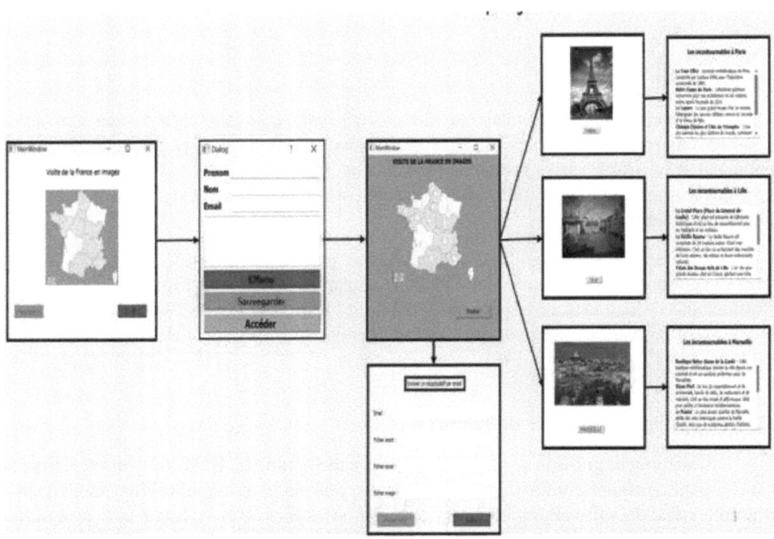

Figura 2.1: Visão geral do projeto.

2.3.1 Objectivos

- **Promover o conhecimento geográfico:** permitir que os utilizadores descubram e aprendam a geografia das regiões e cidades de França de uma forma interactiva
- **Criar uma experiência de utilizador envolvente:** desenvolver uma interface gráfica intuitiva e interactiva para tornar a navegação e a descoberta mais atractivas e envolventes
- **Educação e sensibilização:** utilizar a aplicação como uma ferramenta educativa para ensinar aos alunos e estudantes as especificidades geográficas e culturais das diferentes regiões francesas

- **Acessibilidade dos dados:** garantir que a informação é facilmente acessível a um vasto público

2.3.2 Apresentação das interfaces gráficas implementadas

Foi criada uma aplicação em linguagem Python para ligar as janelas e as aplicações implementadas, descritas abaixo O desenvolvimento da HMI foi implementado utilizando as seguintes interfaces gráficas de janelas:

- **Interface principal:** onde o utilizador terá a opção de se registar e aceder à aplicação ou sair do programa (Figura 2.2).

Variables	Function
PushButton	registrer
PushButton_2	exit

Figura 2.2: Janela principal da interface.

- **Janela de registo do utilizador e diálogo com o utilizador**

introdução de informação: nome próprio, nome e e-mail do utilizador, com possibilidade de apagar ou guardar os dados introduzidos, para posterior acesso ao programa de visualização de cidades em França (Figura 2.3).

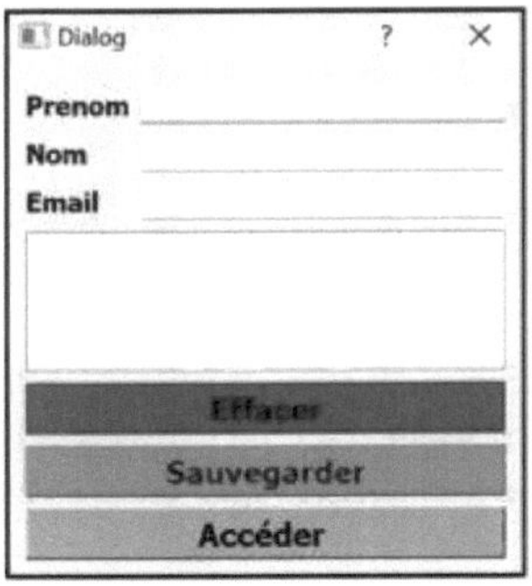

Variables	Function
LineEdit	First Name
LineEdit_2	Name
LineEdit_3	Email
PushButton	Delete
PushButton_2	Save
PushButton_3	Access
ListWidget	Name + First Name + Email

Figura 2.3: Janela da interface de registo do utilizador.

- **Choix City: interface gráfica para visualizar cada cidade em França (Figura 2.4)**

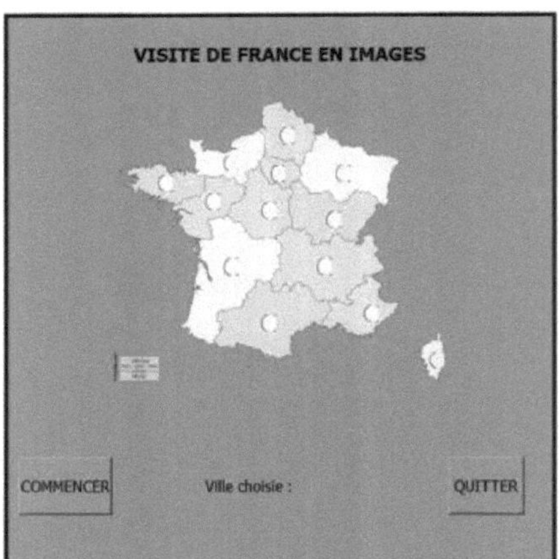

Variables	Function
RadioButton	Paris
RadioButton_2	Le Havre
RadioButton_3	Lille
RadioButton_4	Nantes
RadioButton_5	Strasbourg
RadioButton_6	Orléans
RadioButton_7	Dijon
RadioButton_8	Clermont Ferrant
RadioButton_9	Toulouse
RadioButton_10	Marseille
RadioButton_11	Ajaccio
RadioButton_12	Rennes
RadioButton_13	Brest
PushButton	Start
PushButton_2	exit
Label_4	City choix

Figura 2.4: Janela da interface do Choix City.

- **Interface gráfica das cidades (imagem + informação) para que o utilizador possa escolher as regiões mais interessantes a documentar. (Figuras 2.5, 2.6, 2.7, 2.8, 2.9, 2.8, 2.9 e 2.10)**

Variables	Function
PushButton	Return
PushButton_2	Exit
PushButton_3	PARIS

Variables	Function
PushButton	Return
PushButton_2	Exit
PushButton_3	LE HAVRE

Variables	Function
PushButton	Return
PushButton_2	Exit
PushButton_3	LILLE

Figura 2.5: Janela da interface gráfica das cidades - parte 1.

Variables	Function
PushButton	Retour
PushButton_2	Quitter
PushButton_3	NANTES

Variables	Function
PushButton	Retour
PushButton_2	Quitter
PushButton_3	STRASBOURG

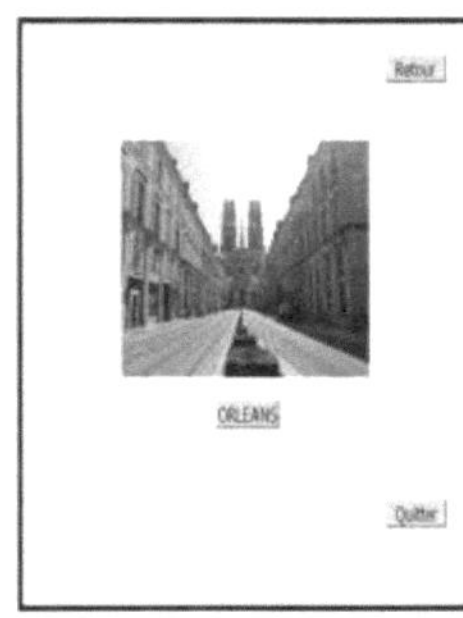

Variables	Function
PushButton	Retour
PushButton_2	Quitter
PushButton_3	ORLEANS

Figura 2.6: Janela da interface gráfica das cidades - parte 2.

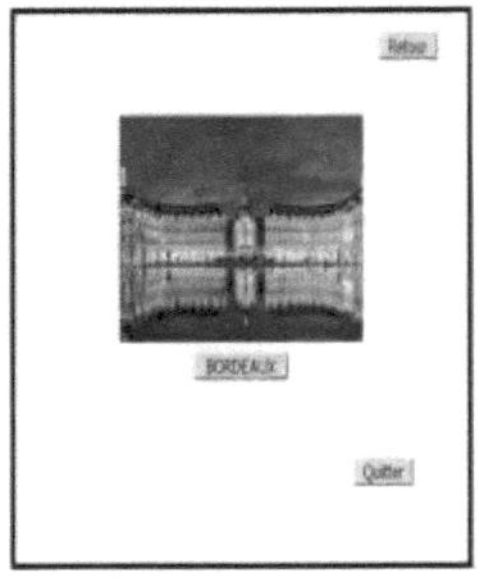

Variables	Function
PushButton	Retour
PushButton_2	Quitter
PushButton_3	DIJON

Variables	Function
PushButton	Retour
PushButton_2	Quitter
PushButton_3	BORDEAUX

Variables	Function
PushButton	Retour
PushButton_2	Quitter
PushButton_3	TOULOUSE

Figura 2.7: Janela da interface gráfica das cidades - parte 3.

Variables	Function
PushButton	Retour
PushButton_2	Quitter
PushButton_3	MARSEILLE

Variables	Function
PushButton	Retour
PushButton_2	Quitter
PushButton_3	AJACCIO

Variables	Function
PushButton	Retour
PushButton_2	Quitter
PushButton_3	RENNES

Figura 2.8: Janela da interface gráfica das cidades - parte 4.

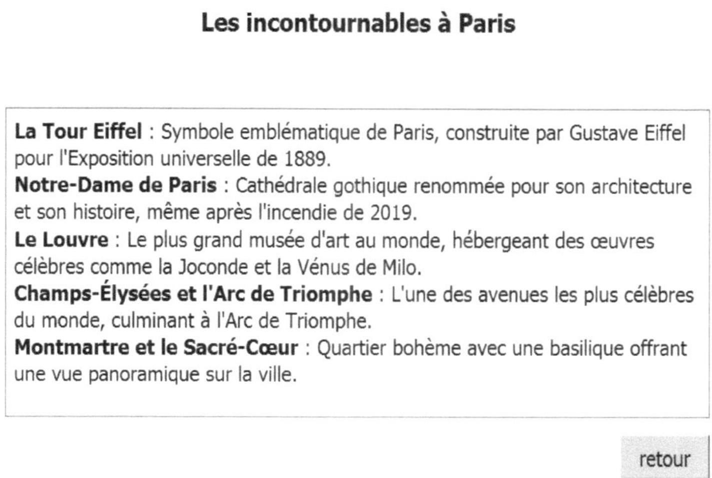

Figura 2.9: Exemplos de descrições de cidades.

Figura 2.10: Exemplos de descrições de cidades.

2.3.3 Ficheiro final em Word com descrição e imagens

A Figura 2.11 mostra a seleção de imagens, e a Figura 2.12 mostra a descrição das cidades escolhidas através de uma janela de escolha.

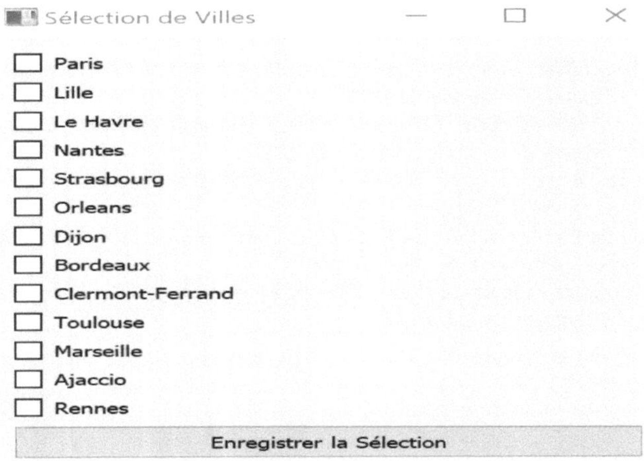

Figura 2.11: Seleção de imagens.

Variables	Function
CheckBox	Paris
CheckBox_2	Lille
CheckBox_3	Le Havre
CheckBox_4	Nantes
CheckBox_5	Bordeaux
CheckBox_6	Toulouse
CheckBox_7	Marseille
CheckBox_8	Ajaccio
CheckBox_9	Clermont Ferrant
CheckBox_10	Dijon
CheckBox_11	Orleans
CheckBox_12	Rennes
CheckBox_13	Strasbourg
PushButton	Enregistrer

Figura 2.12: Função de seleção da descrição.

A Figura 2.13 mostra a conversão do ficheiro word para o formato PDF final e o reencaminhamento automático desta informação através do email inicialmente registado.

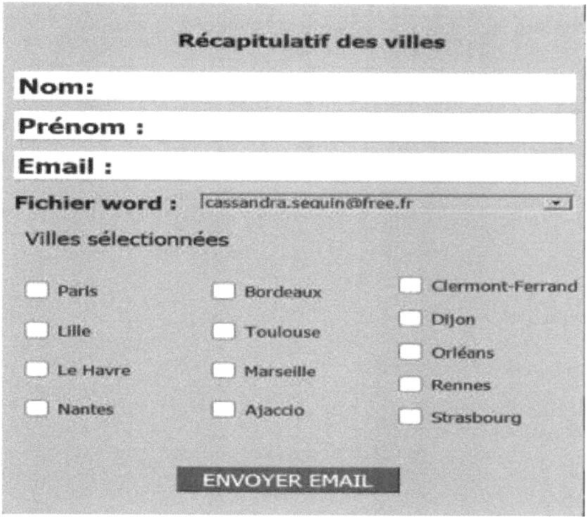

Figura 2.13: Formulário de seleção de cidades.

Por fim, é enviado um e-mail ao utilizador registado contendo o ficheiro PDF com informação sobre as escolhas efectuadas, contendo imagens e descrições das cidades (Figura 2.14)

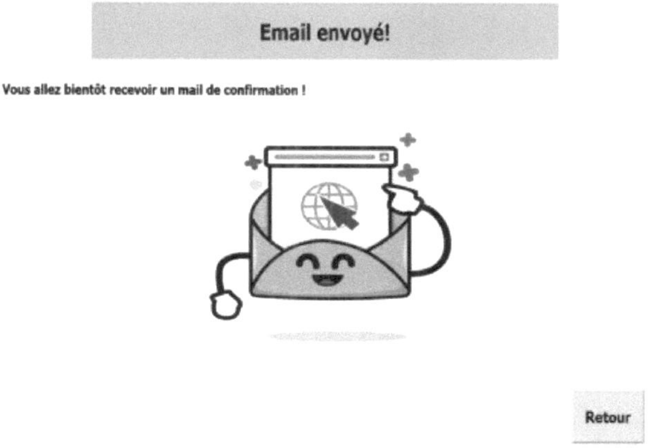

Figura 2.14: Janela de confirmação de correio eletrónico enviada ao utilizador.

2.3.4 Implementação do software Python

2.3.4.1 - Menu França

- **Bibliotecas Python**

```
from PyQt5 import uic, QtWidgets
import sys
```

- **Variáveis globais**

```
# Variables globales
data_read1 = ""
data_read2 = ""
data_read3 = ""
```

- **Programa principal**

```
app = QtWidgets.QApplication([])

win = uic.loadUi("ui/accueil.ui")  # fenêtre entrée au programme
win.pushButton.clicked.connect(init)
win.pushButton_2.clicked.connect(fin_programme)

menu = uic.loadUi("ui/img0.ui")         # fenêtre principal
list = uic.loadUi("ui/infodialog.ui")   # fenêtre enregistrement

# images
paris = uic.loadUi("ui/img1.ui")
le_havre = uic.loadUi("ui/img2.ui")
lille = uic.loadUi("ui/img3.ui")
nantes = uic.loadUi("ui/img4.ui")
orleans = uic.loadUi("ui/img6.ui")
dijon = uic.loadUi("ui/img7.ui")
bordeaux = uic.loadUi("ui/img8.ui")
clermont_ferrand = uic.loadUi("ui/img9.ui")
toulouse = uic.loadUi("ui/img10.ui")
marseille = uic.loadUi("ui/img11.ui")
ajaccio = uic.loadUi("ui/img12.ui")
strasbourg = uic.loadUi("ui/img13.ui")
rennes = uic.loadUi("ui/img14.ui")

# txt
paris_txt = uic.loadUi("ui/Description_Paris.ui")
le_havre_txt = uic.loadUi("ui/Description_Le_Havre.ui")
lille_txt = uic.loadUi("ui/Description_Lille.ui")
nantes_txt = uic.loadUi("ui/Description_Nantes.ui")
orleans_txt = uic.loadUi("ui/Description_Orleans.ui")
dijon_txt = uic.loadUi("ui/Description_Dijon.ui")
bordeaux_txt = uic.loadUi("ui/Description_Bordeaux.ui")
clermont_ferrand_txt = uic.loadUi("ui/Description_Clermont-Ferrand.ui")
toulouse_txt = uic.loadUi("ui/Description_Toulouse.ui")
marseille_txt = uic.loadUi("ui/Description_Marseille.ui")
ajaccio_txt = uic.loadUi("ui/Description_Ajaccio.ui")
strasbourg_txt = uic.loadUi("ui/Description_Strasbourg.ui")
rennes_txt = uic.loadUi("ui/Description_Rennes.ui")

win.show()
app.exec()
```

- **Funções**

```
def init():
    print("Fenêtre 1 - Début du programme")
    win.close()
    list.pushButton.clicked.connect(carte_france)           # pushbutton (envoyer)
    list.pushButton_3.clicked.connect(list_data)     # pushbutton (envoyer)
    list.pushButton_2.clicked.connect(erase)         # pushbutton (effacer)
    list.show()

def list_data():
    global data_read1, data_read2, data_read3                # Variables globales
    data_read1 = list.lineEdit.text()                        # Lecture prénom
    data_read2 = list.lineEdit_2.text()                      # Lecture nom
    data_read3 = list.lineEdit_3.text()
    list.listWidget.addItem(data_read1 + "  " + data_read2 + "  " + data_read3)  # sauvegarder le valeur dans le ListWidget

    print("prénom :", data_read1)
    print("nom :", data_read2)
    print("email:", data_read3)

    # effaçage de tous les champs après écriture dans la fenêtre
    list.lineEdit.setText("")
    list.lineEdit_2.setText("")
    list.lineEdit_3.setText("")

def erase():
    list.listWidget.clear()  # effacer toutes les valeurs de l'écran

def carte_france():
    print("Fenêtre principale - Début du programme")
    list.close()
    menu.pushButton.clicked.connect(fonction_principal)
    menu.pushButton_2.clicked.connect(fin_programme)
    menu.show()
```

- **Seleção de funções**

```
if paris_selected:
    paris.show()
    paris.pushButton.clicked.connect(text)
    paris.pushButton_2.clicked.connect(retour)
elif le_havre_selected:
    le_havre.show()
    le_havre.pushButton.clicked.connect(text)
    le_havre.pushButton_2.clicked.connect(retour)
elif lille_selected:
    lille.show()
    lille.pushButton.clicked.connect(text)
    lille.pushButton_2.clicked.connect(retour)
elif nantes_selected:
    nantes.show()
    nantes.pushButton.clicked.connect(text)
    nantes.pushButton_2.clicked.connect(retour)
elif strasbourg_selected:
    strasbourg.show()
    strasbourg.pushButton.clicked.connect(text)
    strasbourg.pushButton_2.clicked.connect(retour)
elif orleans_selected:
    orleans.show()
    orleans.pushButton.clicked.connect(text)
    orleans.pushButton_2.clicked.connect(retour)
elif dijon_selected:
    dijon.show()
    dijon.pushButton.clicked.connect(text)
    dijon.pushButton_2.clicked.connect(retour)
elif bordeaux_selected:
    bordeaux.show()
    bordeaux.pushButton.clicked.connect(text)
    bordeaux.pushButton_2.clicked.connect(retour)
elif clermont_ferrand_selected:
    clermont_ferrand.show()
    clermont_ferrand.pushButton.clicked.connect(text)
    clermont_ferrand.pushButton_2.clicked.connect(retour)
elif toulouse_selected:
    toulouse.show()
    toulouse.pushButton.clicked.connect(text)
    toulouse.pushButton_2.clicked.connect(retour)
elif marseille_selected:
    marseille.show()
    marseille.pushButton.clicked.connect(text)
    marseille.pushButton_2.clicked.connect(retour)
elif ajaccio_selected:
    ajaccio.show()
    ajaccio.pushButton.clicked.connect(text)
    ajaccio.pushButton_2.clicked.connect(retour)
elif rennes_selected:
    rennes.show()
    rennes.pushButton.clicked.connect(text)
    rennes.pushButton_2.clicked.connect(retour)
```

- **Função principal**

```python
def fonction_principal():
    global paris_selected, le_havre_selected, lille_selected, nantes_selected,
            angers_selected, marseille_selected, orleans_selected, strasbourg_selected,
            dijon_selected, toulouse_selected, bordeaux_selected, clermont_ferrand_selected,
            ajaccio_selected, rennes_selected

    paris_selected = False
    le_havre_selected = False
    lille_selected = False
    nantes_selected = False
    angers_selected = False
    marseille_selected = False
    orleans_selected = False
    strasbourg_selected = False
    dijon_selected = False
    toulouse_selected = False
    bordeaux_selected = False
    clermont_ferrand_selected = False
    ajaccio_selected = False
    rennes_selected = False

    if menu.radioButton.isChecked():
        option = "Paris"
        paris_selected = True
    elif menu.radioButton_1.isChecked():
        option = "Le Havre"
        le_havre_selected = True
    elif menu.radioButton_2.isChecked():
        option = "Lille"
        lille_selected = True
    elif menu.radioButton_3.isChecked():
        option = "Nantes"
        nantes_selected = True
    elif menu.radioButton_4.isChecked():
        option = "Strasbourg"
        strasbourg_selected = True
    elif menu.radioButton_5.isChecked():
        option = "Orleans"
        orleans_selected = True
    elif menu.radioButton_6.isChecked():
        option = "Dijon"
        dijon_selected = True
    elif menu.radioButton_7.isChecked():
        option = "Bordeaux"
        bordeaux_selected = True
    elif menu.radioButton_8.isChecked():
        option = "Clermont-Ferrand"
        clermont_ferrand_selected = True
    elif menu.radioButton_9.isChecked():
        option = "Toulouse"
        toulouse_selected = True
    elif menu.radioButton_10.isChecked():
        option = "Marseille"
        marseille_selected = True
    elif menu.radioButton_11.isChecked():
        option = "Ajaccio"
        ajaccio_selected = True
    elif menu.radioButton_12.isChecked():
        option = "Rennes"
        rennes_selected = True
    else:
        option = ""

    menu.label_4.setText(option)
```

- **Texto de função**

```python
def text():
    print("message de texte")

    if paris_selected:
        paris_txt.show()
        paris_txt.pushButton_2.clicked.connect(retour)
    elif le_havre_selected:
        le_havre_txt.show()
        le_havre_txt.pushButton_2.clicked.connect(retour)
    elif lille_selected:
        lille_txt.show()
        lille_txt.pushButton_2.clicked.connect(retour)
    elif nantes_selected:
        nantes_txt.show()
        nantes_txt.pushButton_2.clicked.connect(retour)
    elif strasbourg_selected:
        strasbourg_txt.show()
        strasbourg_txt.pushButton_2.clicked.connect(retour)
    elif orleans_selected:
        orleans_txt.show()
        orleans_txt.pushButton_2.clicked.connect(retour)
    elif dijon_selected:
        dijon_txt.show()
        dijon_txt.pushButton_2.clicked.connect(retour)
    elif bordeaux_selected:
        bordeaux_txt.show()
        bordeaux_txt.pushButton_2.clicked.connect(retour)
    elif clermont_ferrand_selected:
        clermont_ferrand_txt.show()
        clermont_ferrand_txt.pushButton_2.clicked.connect(retour)
    elif toulouse_selected:
        toulouse_txt.show()
        toulouse_txt.pushButton_2.clicked.connect(retour)
    elif marseille_selected:
        marseille_txt.show()
        marseille_txt.pushButton_2.clicked.connect(retour)
    elif ajaccio_selected:
        ajaccio_txt.show()
        ajaccio_txt.pushButton_2.clicked.connect(retour)
    elif rennes_selected:
        rennes_txt.show()
        rennes_txt.pushButton_2.clicked.connect(retour)
```

- **Função retour e fin_programme**

```
def retour():
    paris.close()
    paris_txt.close()
    le_havre.close()
    le_havre_txt.close()
    lille.close()
    lille_txt.close()
    nantes.close()
    nantes_txt.close()
    strasbourg.close()
    strasbourg_txt.close()
    orleans.close()
    orleans_txt.close()
    dijon.close()
    dijon_txt.close()
    bordeaux.close()
    bordeaux_txt.close()
    clermont_ferrand.close()
    clermont_ferrand_txt.close()
    toulouse.close()
    toulouse_txt.close()
    marseille.close()
    marseille_txt.close()
    ajaccio.close()
    ajaccio_txt.close()
    rennes.close()
    rennes_txt.close()

    fonction_principal  # Appel de la fonction principale

def fin_programme():
    print("Fin du programme")
    win.close()
    win1.close()
    sys.exit()
```

2.3.4.2 - Ficheiro de implementação Word (CheckBoxes)

- **Bibliotecas Python**

```
import sys
from PyQt5.QtWidgets import QApplication, QWidget, QVBoxLayout, QCheckBox, QPushButton, QLabel
from PyQt5.QtGui import QPixmap
from docx import Document
from docx.shared import Inches
```

- **Classe CitySelectionApp**

```
class CitySelectionApp(QWidget):
    def __init__(self):
        super().__init__()
        self.initUI()

    def initUI(self):
        self.setWindowTitle("Sélection de Villes")
        self.setGeometry(100, 100, 400, 300)

        layout = QVBoxLayout()

        self.city_checkboxes = [
            ("Paris", "images/Tour effeil.jpg"),
            ("Lille", "images/Lille.jpg"),
            ("Le Havre", "images/Le Havre.jpg"),
            ("Nantes", "images/Nantes.jpg"),
            ("Strasbourg", "images/Strasbourg.jpg"),
            ("Orleans", "images/Orléans.jpg"),
            ("Dijon", "images/Dijon.jpg"),
            ("Bordeaux", "images/Bordeaux.jpg"),
            ("Clermont-Ferrand", "images/Clermont-Ferrand.jpg"),
            ("Toulouse", "images/Toulouse.jpg"),
            ("Marseille", "images/Marseille.jpg"),
            ("Ajaccio", "images/Ajaccio.jpg"),
            ("Rennes", "images/rennes.jpeg"),
        ]

        self.checkboxes = []
        for city, _ in self.city_checkboxes:
            checkbox = QCheckBox(city)
            self.checkboxes.append(checkbox)
            layout.addWidget(checkbox)

        self.button = QPushButton("Afficher Sélection")
        self.button.clicked.connect(self.show_selection)
        layout.addWidget(self.button)

        self.setLayout(layout)

    def show_selection(self):
        selected_cities = [(city, image) for (city, image), checkbox in zip(self.city_checkboxes, self.checkboxes) if
                           checkbox.isChecked()]

        for city, image_path in selected_cities:
            self.show_city_window(city, image_path)

        self.create_word_document(selected_cities)

    def show_city_window(self, city, image_path):
        city_window = QWidget()
        city_window.setWindowTitle(f"Ville : {city}")
        city_window.setGeometry(100, 100, 400, 500)

        layout = QVBoxLayout()

        city_label = QLabel(f"Ville : {city}")
        layout.addWidget(city_label)

        image_label = QLabel()
        pixmap = QPixmap(image_path)
        image_label.setPixmap(pixmap)
        image_label.setScaledContents(True)
        image_label.setFixedSize(300, 400)

        layout.addWidget(image_label)

        city_window.setLayout(layout)
        city_window.show()

    def create_word_document(self, selected_cities):
        document = Document()

        for city, image_path in selected_cities:
            document.add_heading(city, level=1)
            document.add_picture(image_path, width=Inches(4), height=Inches(3))
            document.add_paragraph("\n")

        document.save('doc/mes_choix.docx')
        print("Document Word créé: mes_choix.docx")
        city_window.close()
```

- **Programa principal**

```
if __name__ == "__main__":
    app = QApplication(sys.argv)
    ex = CitySelectionApp()
    ex.show()
    sys.exit(app.exec_())
```

2.3.4.3 -Conversão Word PDF

```
### Programme pour gerer un fichier PDF a partir d'un document Word

from docx2pdf import convert

def convert_docx_to_pdf(docx_path, pdf_path):
    # Convert DOCX to PDF
    convert(docx_path, pdf_path)

if __name__ == '__main__':
    docx_path = 'doc/mes_choix.docx'
    pdf_path = 'doc/mes_choix.pdf'
    convert_docx_to_pdf(docx_path, pdf_path)
```

2.3.4.4 - Enviar correio eletrónico

- **Bibliotecas Python**

```
### Envoyer email chemin relatif

import os
import win32com.client as win32
```

- **Função Anexar_ficheiros_ao_email**

```
def attach_files_to_email(email, *file_paths):
    for file_path in file_paths:
        # Convertir le chemin relatif en chemin absolu
        abs_path = os.path.abspath(file_path)
        # Vérifier si le fichier existe avant de l'attacher
        if os.path.isfile(abs_path):
            email.Attachments.Add(abs_path)
        else:
            print(f"File not found: {abs_path}")
```

- **Programa principal**

```python
if __name__ == '__main__':       # # Créer une instance d'Outlook
    outlook = win32.Dispatch('outlook.application')         # Création d'une instance d'Outlook
    email = outlook.CreateItem(0)                           # Création d'un nouvel email

    # Définition des détails de l'email
    email.To = "jmrosario33@gmail.com; joao-mauricio.rosario@ipsa.fr"
    email.Subject = "URGENT - Visite de la France en images"

    # Variables
    nom_client = "ROSARIO"
    Qt_images = 10

    # Contenu HTML de l'e-mail
    email.HTMLBody = f"""
        <p>Bonjour {nom_client},</p>
        <p>Voici mes images et descriptives de la France.</p>
        <p>Cordialement,</p>
        <p>Cassandra</p>
        """

    # Chemins relatifs des fichiers à joindre
    annexe1 = "doc/mes_choix.pdf"
    annexe2 = "img/avion.png"
    # annexe2 = "doc/mes_choix/pdf"

    # Ajouter les fichiers en pièces jointes
    attach_files_to_email(email, annexe1, annexe2)

    # Envoyer l'email
    email.Send()
    print("Email sent successfully.")
```

2.4 - Estudo de caso 2 - Padaria artesanal francesa

O objeto da aplicação IHM é o desenvolvimento de uma interface gráfica interactiva destinada a explorar a venda de bolos sofisticados numa padaria francesa. Esta aplicação permite aos utilizadores interagir diretamente com o site da padaria para consultar e comprar diferentes produtos artesanais (Fig. 2.15).

Variable	Widget Box	Fonction
PushButton	QPushButton	Sortie du programme
PushButton_2	QPushButton	Entrée du programme
PushButton_3	QPushButton	Registre des clients

Figura 2.15: Interface principal e variáveis.

2.4.1 Objectivos

- **Promover a venda de produtos de uma padaria artesanal francesa:** permitir que os utilizadores descubram e aprendam sobre os principais bolos franceses de uma forma interactiva.
- **Desenvolver uma interface gráfica intuitiva e interactiva:** para tornar a navegação e a descoberta mais atractivas e interessantes.
- **Acessibilidade das informações e dos dados:** garantir que as informações sejam facilmente acessíveis a um vasto público.

2.4.2 Apresentação das interfaces gráficas implementadas

Foi criada uma aplicação em linguagem Python para ligar as janelas e as aplicações implementadas, descritas abaixo O desenvolvimento da HMI foi implementado utilizando as seguintes interfaces gráficas de janelas:

- **Interface principal:** onde o utilizador terá a opção de se registar e aceder à aplicação ou sair do programa (Figura 2.16).

Variable	Gâteau	Variable	Gâteau
PushButton	Paris Brest	PushButton_10	Profiteroles
PushButton_2	Mille-feuille	PushButton_11	Tropézienne
PushButton_3	Opéra	PushButton_12	Tarte citron
PushButton_4	Fraisier	PushButton_13	Religieuses
PushButton_5	Eclair	PushButton_14	Fondant au chocolat
PushButton_6	Tarte tatin	PushButton_15	Macaron
PushButton_7	Saint Honoré	PushButton_16	Cannèle
PushButton_8	Baba au rhum	PushButton_17	Abeille Furtive
PushButton_9	Moka	PushButton_18	C´est finit

Figura 2.16: Janela da interface do Cake choix.

- **Janela de registo do utilizador e diálogo com o utilizador**

entrada de informação: nome próprio, nome e e-mail do utilizador, com possibilidade de apagar ou guardar a entrada de dados, para posterior acesso ao programa para visualização de bolos franceses (Figura 2.17).

Figura 2.17: Janela da interface de registo do utilizador.

- **Interface gráfica dos bolos (imagem + informação) para que o utilizador possa escolher os bolos mais interessantes para documentar.**

(a)

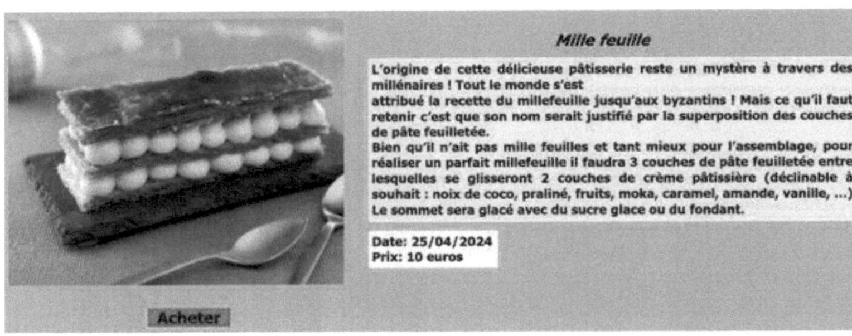

(b)

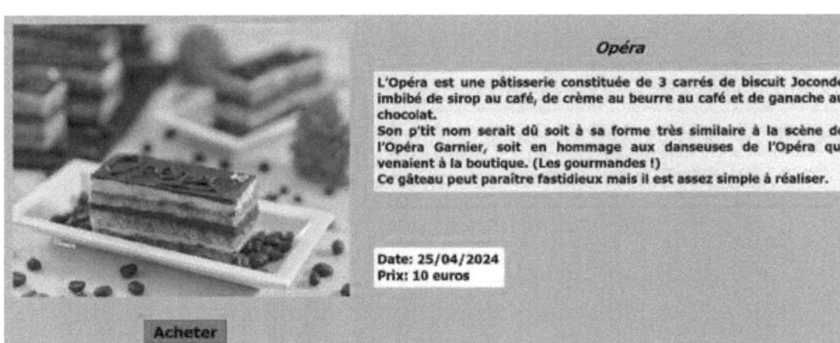

(c)

Fraisier
Alors l'origine du fraisier reste un mystère ! Mais quoi qu'il en soit, son goût exquis n'en est pas un. Il suffit de trouver l'équilibre parfait entre la génoise, la crème mousseline et..et.. et... les fraises !
Oui c'est bien vous suivez ! Que vous le fassiez rond ou en carré, amusez-vous sur le dressage.
Il s'agit une fois de plus d'une recette facile à réaliser.
Date: 25/04/2024
Prix: 10 euros
Acheter

(d)

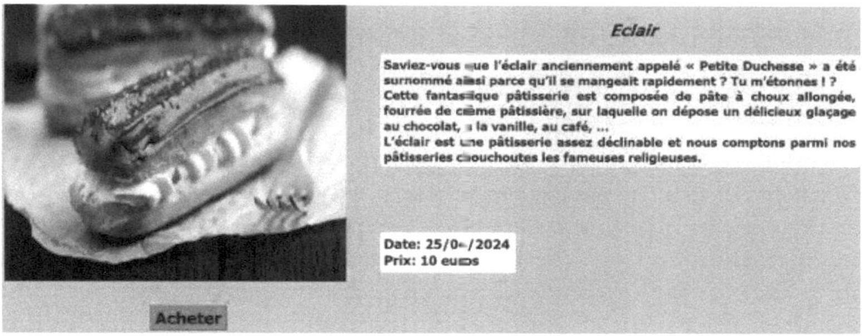
Eclair
Saviez-vous que l'éclair anciennement appelé « Petite Duchesse » a été surnommé ainsi parce qu'il se mangeait rapidement ? Tu m'étonnes ! ?
Cette fantastique pâtisserie est composée de pâte à choux allongée, fourrée de crème pâtissière, sur laquelle on dépose un délicieux glaçage au chocolat, à la vanille, au café, ...
L'éclair est une pâtisserie assez déclinable et nous comptons parmi nos pâtisseries chouchoutes les fameuses religieuses.
Date: 25/04/2024
Prix: 10 euros
Acheter

(e)

Tarte tatin
La tarte tatin.. tintintintin .. (à faire comme un bruit de suspens) est tout bonnement une tarte aux pommes caramélisées au sucre et au beurre mais montée à l'envers !
Oui la pâte brisée (mais aussi feuilletée ou sablée) est donc sur la garniture et non en dessous comme une tarte aux pommes classique.
Une fois cuite, elle sera démoulée à l'endroit, et servie avec une bonne crème fouettée. Pour la petite histoire, on a souvent entendu qu'il s'agissait d'une maladresse des sœurs Tatin dont l'une aurait enfourné sa tarte sans la pâte et l'aurait ajouté en cuisson. Que nenni !
Il s'agit d'une ancienne spécialité régionale rendue célèbre par les sœurs qui tenaient un hôtel mais dont un célèbre critique culinaire aurait inventé toute cette histoire.
Date: 25/04/2024
Prix: 10 euros
Acheter

(f)

Saint Honoré
La tarte tatin.. tintintintin .. (à faire comme un bruit de suspens) est tout bonnement une tarte aux pommes caramélisées au sucre et au beurre mais montée à l'envers !
Oui la pâte brisée (mais aussi feuilletée ou sablée) est donc sur la garniture et non en dessous comme une tarte aux pommes classique.
Une fois cuite, elle sera démoulée à l'endroit, et servie avec une bonne crème fouettée. Pour la petite histoire, on a souvent entendu qu'il s'agissait d'une maladresse des sœurs Tatin dont l'une aurait enfourné sa tarte sans la pâte et l'aurait ajouté en cuisson. Que nenni !
Il s'agit d'une ancienne spécialité régionale rendue célèbre par les sœurs qui tenaient un hôtel mais dont un célèbre critique culinaire aurait inventé toute cette histoire.
Date: 25/04/2024
Prix: 10 euros
Acheter

(g)

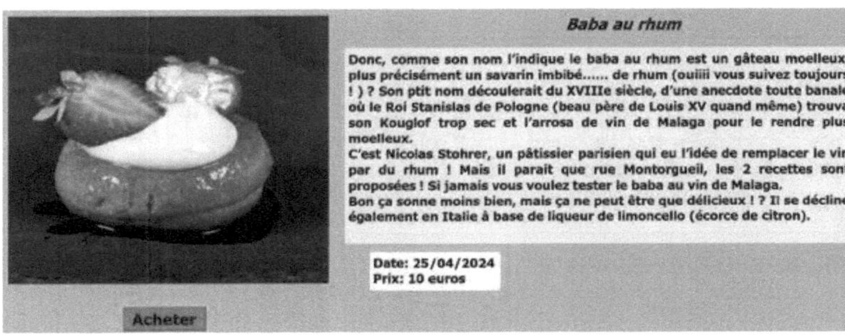
Baba au rhum
Donc, comme son nom l'indique le baba au rhum est un gâteau moelleux, plus précisément un savarin imbibé...... de rhum (ouiiii vous suivez toujours !) ? Son ptit nom découlerait du XVIIIe siècle, d'une anecdote toute banale où le Roi Stanislas de Pologne (beau père de Louis XV quand même) trouva son Kouglof trop sec et l'arrosa de vin de Malaga pour le rendre plus moelleux.
C'est Nicolas Stohrer, un pâtissier parisien qui eu l'idée de remplacer le vin par du rhum ! Mais il parait que rue Montorgueil, les 2 recettes sont proposées ! Si jamais vous voulez tester le baba au vin de Malaga.
Bon ça sonne moins bien, mais ça ne peut être que délicieux ! ? Il se décline également en Italie à base de liqueur de limoncello (écorce de citron).
Date: 25/04/2024
Prix: 10 euros
Acheter

(h)

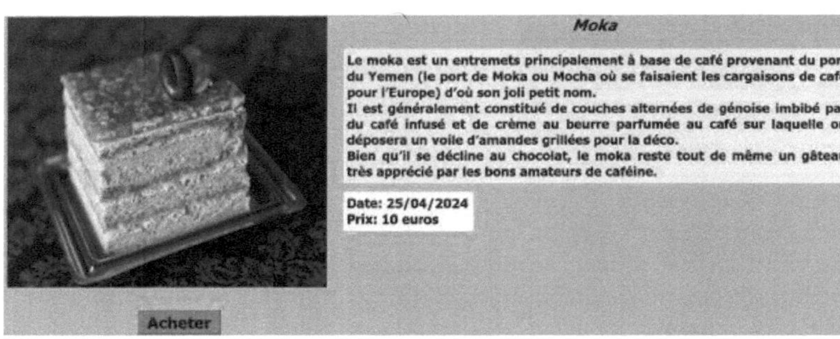
Moka
Le moka est un entremets principalement à base de café provenant du port du Yemen (le port de Moka ou Mocha où se faisaient les cargaisons de café pour l'Europe) d'où son joli petit nom.
Il est généralement constitué de couches alternées de génoise imbibé par du café infusé et de crème au beurre parfumée au café sur laquelle on déposera un voile d'amandes grillées pour la déco.
Bien qu'il se décline au chocolat, le moka reste tout de même un gâteau très apprécié par les bons amateurs de caféine.
Date: 25/04/2024
Prix: 10 euros
Acheter

(i)

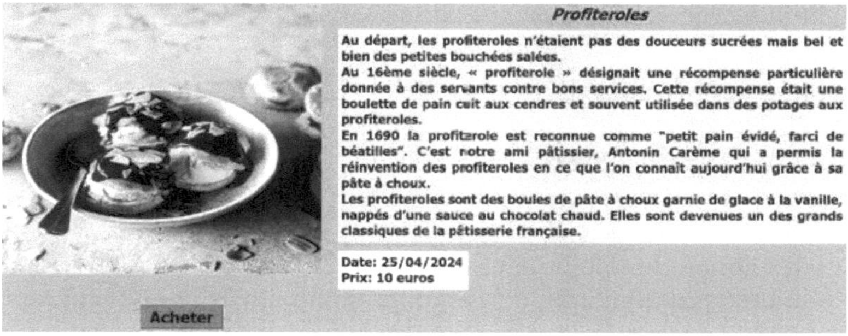

Profiteroles

Au départ, les profiteroles n'étaient pas des douceurs sucrées mais bel et bien des petites bouchées salées.
Au 16ème siècle, « profiterole » désignait une récompense particulière donnée à des servants contre bons services. Cette récompense était une boulette de pain cuit aux cendres et souvent utilisée dans des potages aux profiteroles.
En 1690 la profiterole est reconnue comme "petit pain évidé, farci de béatilles". C'est notre ami pâtissier, Antonin Carème qui a permis la réinvention des profiteroles en ce que l'on connait aujourd'hui grâce à sa pâte à choux.
Les profiteroles sont des boules de pâte à choux garnie de glace à la vanille, nappés d'une sauce au chocolat chaud. Elles sont devenues un des grands classiques de la pâtisserie française.

Date: 25/04/2024
Prix: 10 euros

Acheter

(j)

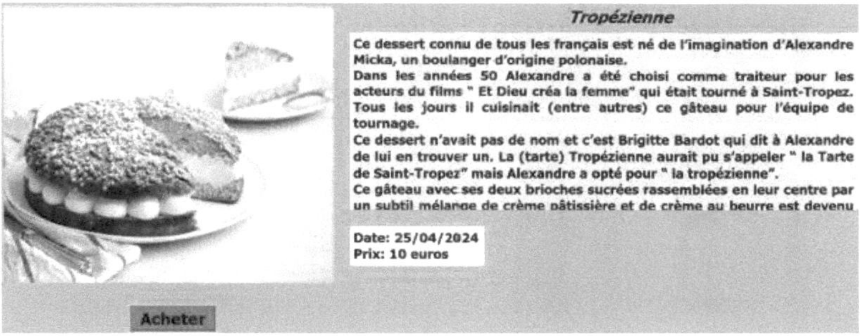

Tropézienne

Ce dessert connu de tous les français est né de l'imagination d'Alexandre Micka, un boulanger d'origine polonaise.
Dans les années 50 Alexandre a été choisi comme traiteur pour les acteurs du films " Et Dieu créa la femme" qui était tourné à Saint-Tropez. Tous les jours il cuisinait (entre autres) ce gâteau pour l'équipe de tournage.
Ce dessert n'avait pas de nom et c'est Brigitte Bardot qui dit à Alexandre de lui en trouver un. La (tarte) Tropézienne aurait pu s'appeler " la Tarte de Saint-Tropez" mais Alexandre a opté pour " la tropézienne".
Ce gâteau avec ses deux brioches sucrées rassemblées en leur centre par un subtil mélange de crème pâtissière et de crème au beurre est devenu

Date: 25/04/2024
Prix: 10 euros

Acheter

(k)

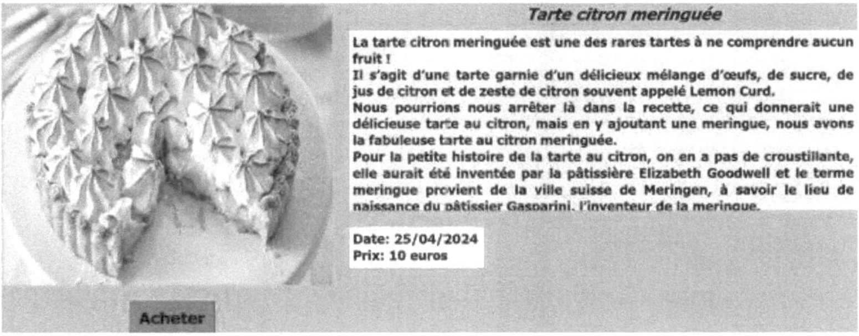

Tarte citron meringuée

La tarte citron meringuée est une des rares tartes à ne comprendre aucun fruit !
Il s'agit d'une tarte garnie d'un délicieux mélange d'œufs, de sucre, de jus de citron et de zeste de citron souvent appelé Lemon Curd.
Nous pourrions nous arrêter là dans la recette, ce qui donnerait une délicieuse tarte au citron, mais en y ajoutant une meringue, nous avons la fabuleuse tarte au citron meringuée.
Pour la petite histoire de la tarte au citron, on en a pas de croustillante, elle aurait été inventée par la pâtissière Elizabeth Goodwell et le terme meringue provient de la ville suisse de Meringen, à savoir le lieu de naissance du pâtissier Gasparini, l'inventeur de la meringue.

Date: 25/04/2024
Prix: 10 euros

Acheter

(l)

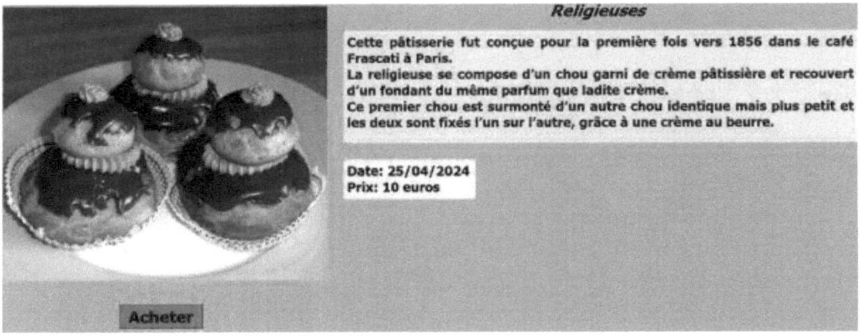
Religieuses
Cette pâtisserie fut conçue pour la première fois vers 1856 dans le café Frascati à Paris.
La religieuse se compose d'un chou garni de crème pâtissière et recouvert d'un fondant du même parfum que ladite crème.
Ce premier chou est surmonté d'un autre chou identique mais plus petit et les deux sont fixés l'un sur l'autre, grâce à une crème au beurre.
Date: 25/04/2024
Prix: 10 euros
Acheter

(m)

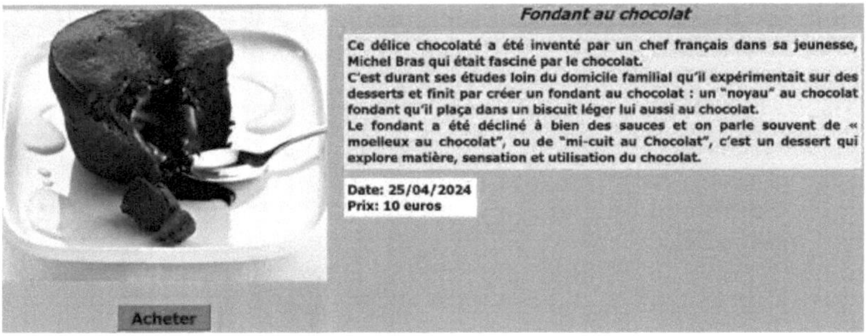
Fondant au chocolat
Ce délice chocolaté a été inventé par un chef français dans sa jeunesse, Michel Bras qui était fasciné par le chocolat.
C'est durant ses études loin du domicile familial qu'il expérimentait sur des desserts et finit par créer un fondant au chocolat : un "noyau" au chocolat fondant qu'il plaça dans un biscuit léger lui aussi au chocolat.
Le fondant a été décliné à bien des sauces et on parle souvent de « moelleux au chocolat", ou de "mi-cuit au Chocolat", c'est un dessert qui explore matière, sensation et utilisation du chocolat.
Date: 25/04/2024
Prix: 10 euros
Acheter

(n)

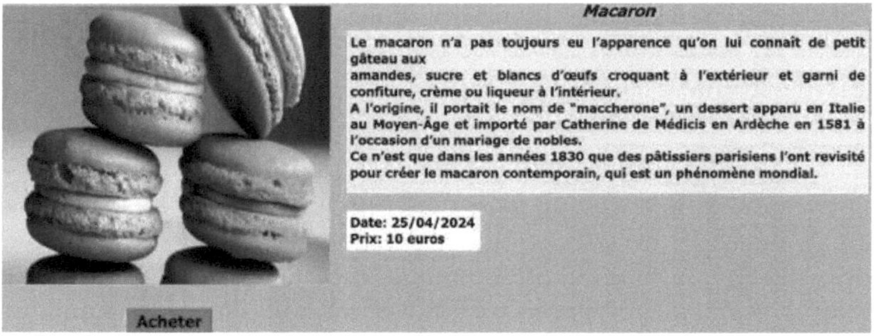
Macaron
Le macaron n'a pas toujours eu l'apparence qu'on lui connaît de petit gâteau aux
amandes, sucre et blancs d'œufs croquant à l'extérieur et garni de confiture, crème ou liqueur à l'intérieur.
A l'origine, il portait le nom de "maccherone", un dessert apparu en Italie au Moyen-Âge et importé par Catherine de Médicis en Ardèche en 1581 à l'occasion d'un mariage de nobles.
Ce n'est que dans les années 1830 que des pâtissiers parisiens l'ont revisité pour créer le macaron contemporain, qui est un phénomène mondial.
Date: 25/04/2024
Prix: 10 euros
Acheter

(o)

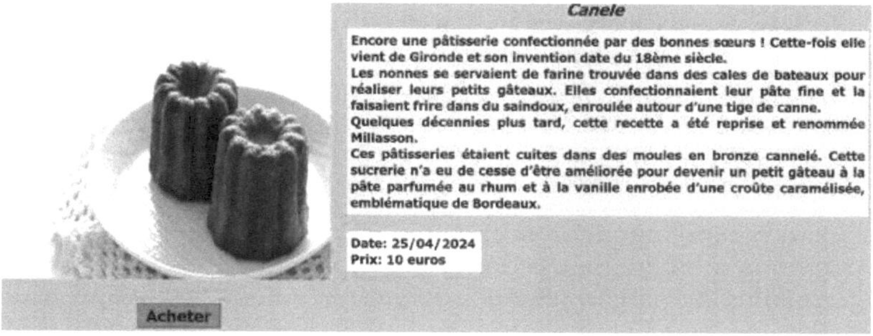

(p)

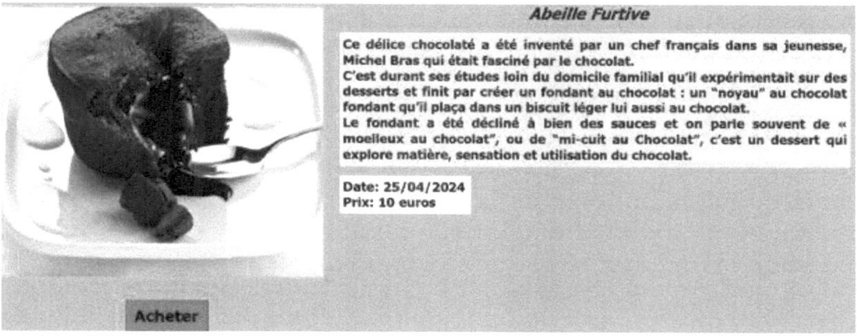

(q)

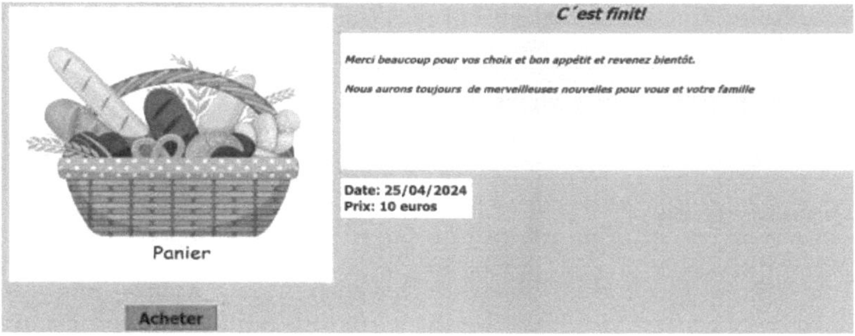

(r)

Figura 2.18: Interface gráfica do Cakes.

2.4.3 Bolos de mesa interface gráfica escolhida

Por fim, a lista de bolos franceses escolhidos é introduzida numa tabela que contém o nome do bolo, o preço em euros e a quantidade de produtos em stock (Figura 2.19).

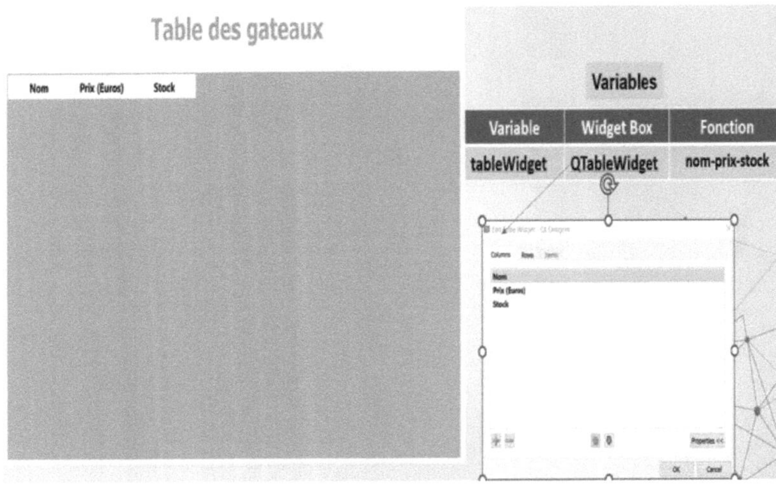

Figura 2.19: Interface gráfica do Cakes.

2.4.4 Implementação do software Python

2.4.4.1 Seleção de bolos

- **Bibliotecas Python**

```
import sys
from PyQt5 import uic, QtWidgets
```

- **Programa principal**

```
app = QtWidgets.QApplication([])                # instanciation sur la classe QWidget permet créer une Fenêtre PyQt5
win = uic.loadUi("ui1/main_win.ui")              # fenêtre principal
win.pushButton.clicked.connect(win01)
win.pushButton_2.clicked.connect(win02)
win.pushButton_3.clicked.connect(win04)

wind = uic.loadUi("ui1/win_gateaux.ui")
wind1 = uic.loadUi("ui1/formulaire.ui")

win_0 = uic.loadUi("ui1/Gateaux_0.ui")
win_1 = uic.loadUi("ui1/Gateaux_1.ui")
win_2 = uic.loadUi("ui1/Gateaux_2.ui")
win_3 = uic.loadUi("ui1/Gateaux_3.ui")
win_4 = uic.loadUi("ui1/Gateaux_4.ui")
win_5 = uic.loadUi("ui1/Gateaux_5.ui")
win_6 = uic.loadUi("ui1/Gateaux_6.ui")
win_7 = uic.loadUi("ui1/Gateaux_7.ui")
win_8 = uic.loadUi("ui1/Gateaux_8.ui")
win_9 = uic.loadUi("ui1/Gateaux_9.ui")
win_10 = uic.loadUi("ui1/Gateaux_10.ui")
win_11 = uic.loadUi("ui1/Gateaux_11.ui")
win_12 = uic.loadUi("ui1/Gateaux_12.ui")
win_13 = uic.loadUi("ui1/Gateaux_13.ui")
win_14 = uic.loadUi("ui1/Gateaux_14.ui")
win_15 = uic.loadUi("ui1/Gateaux_15.ui")
win_16 = uic.loadUi("ui1/Gateaux_16.ui")
win_17 = uic.loadUi("ui1/Gateaux_17.ui")

# tab_0
win.show()
app.exec()
```

- **Funções**

```
def win01():
    print("Fin du programme")
    sys.exit()

def win02():
    print("Liste des gateaux")
    wind.pushButton_0.clicked.connect(win0)
    wind.pushButton_1.clicked.connect(win1)
    wind.pushButton_2.clicked.connect(win2)
    wind.pushButton_3.clicked.connect(win3)
    wind.pushButton_4.clicked.connect(win4)
    wind.pushButton_5.clicked.connect(win5)
    wind.pushButton_6.clicked.connect(win6)
    wind.pushButton_7.clicked.connect(win7)
    wind.pushButton_8.clicked.connect(win8)
    wind.pushButton_9.clicked.connect(win9)
    wind.pushButton_10.clicked.connect(win10)
    wind.pushButton_11.clicked.connect(win11)
    wind.pushButton_12.clicked.connect(win12)
    wind.pushButton_13.clicked.connect(win13)
    wind.pushButton_14.clicked.connect(win14)
    wind.pushButton_15.clicked.connect(win15)
    wind.pushButton_16.clicked.connect(win16)
    wind.pushButton_17.clicked.connect(win17)
    wind.show()

def win03():
   print("Achat d'un gateaux")
   import Table_gateaux
   Table_gateaux.table.show()

def win04():
    print("Liste des clients")
    wind1.show()

    # win_0.exit()
```

- **Função Bolos Janelas**

```
def win0():
    print("Gateaux 1")
    win_0.show()
    win_0.pushButton.clicked.connect(win03)

def win1():
    print("Gateaux 2")
    win_1.show()
    win_1.pushButton.clicked.connect(win03)

def win2 ():
    print("Gateaux 3")
    win_2.show()
    win_2.pushButton.clicked.connect(win03)

def win3 ():
    print("Gateaux 4")
    win_3.show()
    win_3.pushButton.clicked.connect(win03)

def win4 ():
    print("Gateaux 5")
    win_4.show()
    win_4.pushButton.clicked.connect(win03)

def win5 ():
    print("Gateaux 6")
    win_5.show()
    win_5.pushButton.clicked.connect(win03)

def win6():
    print("Gateaux 7")
    win_6.show()
    win_6.pushButton.clicked.connect(win03)

def win7():
    print("Gateaux 8")
    win_7.show()
    win_7.pushButton.clicked.connect(win03)

def win8():
    print("Gateaux 9")
    win_8.show()
    win_8.pushButton.clicked.connect(win03)
```

```
def win9():
    print("Gateaux 10")
    win_9.show()
    win_9.pushButton.clicked.connect(win03)

def win10():
    print("Gateaux 11")
    win_10.show()
    win_10.pushButton.clicked.connect(win03)

def win11():
    print("Gateaux 12")
    win_11.show()
    win_11.pushButton.clicked.connect(win03)

def win12():
    print("Gateaux 13")
    win_12.show()
    win_12.pushButton.clicked.connect(win03)

def win13():
    print("Gateaux 14")
    win_13.show()
    win_13.pushButton.clicked.connect(win03)

def win14():
    print("Gateaux 15")
    win_14.show()
    win_14.pushButton.clicked.connect(win03)

def win15():
    print("Gateaux 16")
    win_15.show()
    win_15.pushButton.clicked.connect(win03)

def win16():
    print("Gateaux 17")
    win_16.show()
    win_16.pushButton.clicked.connect(win03)

def win17():
    print("Gateaux 18")
    win_17.show()
    win_17.pushButton.clicked.connect(win03)
```

2.4.4.2 Seleção de bolos (Mesa de bolos)

- **Bibliotecas Python**

```
import sys
from PyQt5.uic import loadUi
from PyQt5 import QtWidgets                          # Widgets pour le dialogue, édition de texte
from PyQt5.QtWidgets import QDialog, QApplication    # pour créer une application
```

- **Programa principal**

```
app = QApplication(sys.argv)
mainwindow = TableWindow()
table = QtWidgets.QStackedWidget()
table.addWidget(mainwindow)
table.setFixedHeight(950)
table.setFixedWidth(1120)
table.show()

try:
    sys.exit(app.exec_())
except:
    print("Sortie : Table des gateaux")
```

- **Tabela Classe de janela**

```
class TableWindow(QDialog):                                          # interface avec l'utilisateur
    def __init__(self):
        super(TableWindow, self).__init__()
        loadUi("ui2/table.ui", self)

        # réglage des lignes et colonnes (largeur de la table dimmensioné)
        self.tableWidget.setColumnWidth(0, 400)
        self.tableWidget.setColumnWidth(1, 140)
        self.tableWidget.setColumnWidth(2, 140)
        self.loaddata()

    def loaddata(self):
        gateaux_list = [{"name": "Paris Brest", "prix": 45, "stock": "10"},
                        {"name": "Mille feuille", "prix": 40, "stock": "10"},
                        {"name": "Opéra", "prix": 30, "stock": "10"},
                        {"name": "Fraisier", "prix": 45, "stock": "10"},
                        {"name": "Éclair", "prix": 40, "stock": "10"},
                        {"name": "Tarte tatin", "prix": 30, "stock": "10"},
                        {"name": "Saint Honoré", "prix": 30, "stock": "10"},
                        {"name": "Baba au rhum", "prix": 45, "stock": "10"},
                        {"name": "Moka", "prix": 40, "stock": "10"},
                        {"name": "Profiteroles", "prix": 30, "stock": "10"},
                        {"name": "Tropézienne", "prix": 45, "stock": "10"},
                        {"name": "Tarte citron merengue", "prix": 40, "stock": "10"},
                        {"name": "Religieuses", "prix": 30, "stock": "10"},
                        {"name": "Fondant au Chocolat", "prix": 45, "stock": "10"},
                        {"name": "Macaron", "prix": 40, "stock": "10"},
                        {"name": "Canele", "prix": 30, "stock": "10"},
                        {"name": "Abeille furtive", "prix": 40, "stock": "10"},
                        {"name": "C'est finit!", "prix": 30, "stock": "10"}
                        ]

        row = 0                                                      # start ligne
        self.tableWidget.setRowCount(len(gateaux_list))              # définition du nombre de lignes existent
        for bolo in gateaux_list:
            self.tableWidget.setItem(row, 0, QtWidgets.QTableWidgetItem(bolo["name"]))
            self.tableWidget.setItem(row, 1, QtWidgets.QTableWidgetItem(str(bolo["prix"])))
            self.tableWidget.setItem(row, 2, QtWidgets.QTableWidgetItem(str(bolo["stock"])))
            row = row + 1
```

2.5 - Conclusão

As aplicações IHM apresentadas neste capítulo tiveram por base a organização e estruturação de Bases de Dados, permitindo a utilização de bibliotecas dedicadas em linguagem Python: PyCharm e Designer para a criação de interfaces gráficas, atingindo os objectivos delineados que consistiam em promover, através de imagens e descrições informativas, o conhecimento geográfico de um país (França) e a padaria artesanal francesa, realizado através da implementação de uma interface interactiva, acessível e de fácil utilização.

2.6- Referências

2.6.1 Referências de interface gráfica

Estes recursos fornecem uma compreensão abrangente dos princípios de conceção de IHM e GUI, oferecendo orientação prática e fundamentos teóricos para a criação de interfaces eficazes e fáceis de utilizar. Para compreender melhor a aplicação e o impacto das GUIs na conceção de HMI, várias referências e estudos fornecem informações valiosas:

1. **Shneiderman, B., & Plaisant, C. (2004):** "*Designing the User Interface: Strategies for Effective Human-Computer Interaction*", **Pearson**.
2. **Johnson, J. (2013):** "*Designing with the Mind in Mind: Simple Guide to Understanding User Interface Design Rules*", **Morgan Kaufmann.**
3. **Norman, D. A. (2013):** "*The Design of Everyday Things: Revised and Expanded Edition*", **Basic Books**.
4. **Nielsen, J. (1993):** "*Usability Engineering*", **Morgan Kaufmann.**
5. **Cooper, A., Reimann, R., Cronin, D. (2007)** "*About Face 3: The Essentials of Interaction Design*", **Wiley.**

2.6.2 Software para o desenvolvimento de interfaces gráficas

Estão disponíveis várias ferramentas de software para o desenvolvimento de GUI, cada uma oferecendo uma gama de caraterísticas para facilitar a criação de interfaces interactivas e de fácil utilização. Estas ferramentas permitem aos designers criar interfaces sofisticadas que melhoram a interação e a satisfação do utilizador. Algumas ferramentas populares incluem:

- **Adobe XD:** Uma ferramenta poderosa para conceber e criar protótipos de interfaces de utilizador.
- **Sketch**: Um editor de gráficos vectoriais utilizado principalmente para design de UI e UX.
- **Figma**: Uma ferramenta de conceção de interfaces baseada na Web que permite a colaboração em tempo real.
- **Qt**: Um conjunto de ferramentas de widgets gratuito e de código aberto para criar GUIs.
- **Microsoft Visual Studio**: Um ambiente de desenvolvimento integrado (IDE) que inclui capacidades robustas de conceção de GUI.

Capítulo 3
Utilização de APIs em Python

Uma aplicação, ou app, é um programa de software concebido para executar tarefas específicas para o utilizador. No contexto da programação Python, uma aplicação pode ser uma aplicação de desktop, uma aplicação web, uma aplicação móvel ou mesmo um simples script que executa uma tarefa específica. Para criar uma aplicação em Python, usamos frequentemente bibliotecas e frameworks que facilitam o desenvolvimento.

Uma Interface de Programação de Aplicações de Transferência de Estado Representacional (API REST) é um estilo de arquitetura para a criação de aplicações em rede. Utiliza o protocolo HTTP para a comunicação e funciona normalmente através da Internet. As APIs RESTful são projetadas para serem sem estado, o que significa que cada solicitação de um cliente contém todas as informações necessárias para que o servidor a atenda. Uma visão geral básica de como usar APIs REST em Python (Figura 3.1)..:

- **Métodos HTTP**: As APIs RESTful normalmente usam métodos HTTP (GET, POST, PUT, DELETE) para executar ações em recursos. Cada método tem uma finalidade específica:GET: Recuperar dados do servidor.POST: Criar novos dados no servidor.PUT: Atualizar dados existentes no servidor.DELETE: Eliminar dados do servidor.
- **URLs e pontos de extremidade**: As APIs REST expõem pontos de extremidade (URLs) com os quais os clientes podem interagir para executar operações em recursos. Por exemplo:bashCopy code.

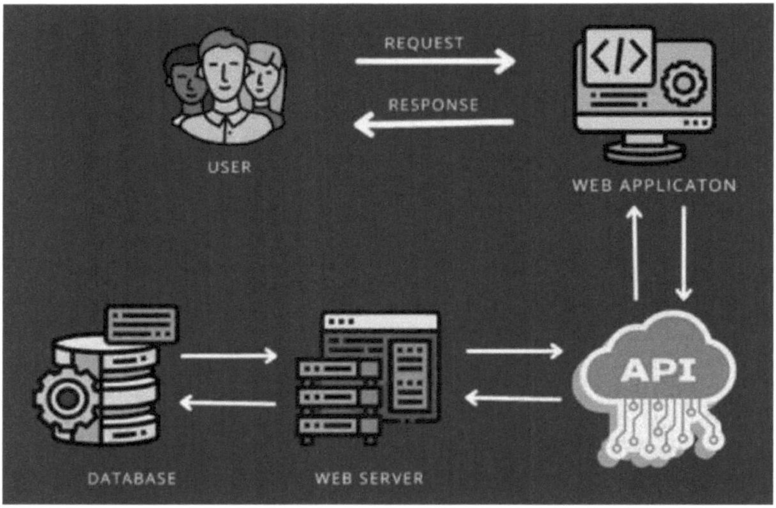

Figura 3.1: Para utilizar uma API REST em Python.

3.1- Conceitos-chave de uma API em Python

A interface de utilizador permite ao utilizador interagir com a aplicação. Para aplicações de ambiente de trabalho, são normalmente utilizadas bibliotecas como ***Tkinter***, ***PyQt*** ou ***Kivy***. Para aplicações Web, são frequentemente utilizadas estruturas como Flask ou Django.

- **Lógica da aplicação:** A lógica da aplicação é o núcleo da aplicação onde ocorrem o processamento de dados, a tomada de decisões e outros processos.
- **Gestão de dados:** As aplicações gerem frequentemente os dados que necessitam de armazenar, recuperar e manipular. Isto pode ser feito através de bases de dados, ficheiros ou outros métodos de armazenamento.
- **Interação com o utilizador:** As aplicações têm de responder às acções do utilizador, como cliques no rato, toques no teclado ou submissão de formulários.

3.2- Exemplo pormenorizado da API - Aplicação meteorológica

Aqui está uma explicação detalhada de como utilizar uma API com o programa Python fornecido, utilizando a ***biblioteca Tkinter*** para criar uma interface gráfica do utilizador (GUI) e a ***API OpenWeatherMap*** para obter dados meteorológicos.

O programa vai buscar dados meteorológicos para uma cidade específica utilizando a ***API OpenWeatherMap*** e apresenta-os numa ***GUI*** criada com o ***Tkinter***. Inclui a temperatura, a descrição do tempo e um ícone que representa o estado do tempo.

- **Implementação passo-a-passo**

Seguindo estes passos, o programa utiliza a **API *OpenWeatherMap*** para obter dados meteorológicos para uma cidade específica e apresenta-os numa ***GUI baseada em*** Tkinter.

O programa trata dos pedidos ***HTTP***, processa os dados ***JSON*** e actualiza dinamicamente a ***GUI*** com as informações obtidas e o ícone do tempo.

1. Importar as bibliotecas necessárias

- **tkinter:** Utilizado para criar a GUI.
- **caixa de mensagens:** Utilizada para mostrar mensagens de erro.
- **pedidos:** Utilizado para efetuar pedidos HTTP à API.
- **PIL (Almofada):** Utilizado para o tratamento de imagens.
- **io:** Utilizado para tratar fluxos de bytes.

```
import tkinter as tk
from tkinter import messagebox
import requests
from PIL import Image, ImageTk
import io
```

2. Definir a chave da API

Substitua 'ddef9109be01d0e389f2ab7a8d462ac2' pela sua chave real ***da API do OpenWeatherMap***.

```
API_KEY = 'ddef9109be01d0e389f2ab7a8d462ac2'
```

3. Função de obtenção de dados meteorológicos

- **get_weather(cidade):** Recebe o nome de uma cidade como entrada e constrói uma URL para a API do OpenWeatherMap.
- **requests.get(url):** Envia uma solicitação GET para a API.
- **response.status_code:** Verifica se o estado da resposta é 200 (OK).
- **data.json():** Analisa a resposta JSON.
- **dicionário meteorológico:** Extrai dados meteorológicos relevantes (nome da cidade, temperatura, descrição e ícone).

```
def get_weather(city):
    url = f"http://api.openweathermap.org/data/2.5/weather?q={city}&appid={API_KEY}&units=metric"
    response = requests.get(url)
    if response.status_code == 200:
        data = response.json()
        weather = {
            'city': data['name'],
            'temperature': data['main']['temp'],
            'description': data['weather'][0]['description'],
            'icon': data['weather'][0]['icon']
        }
        return weather
    else:
        return None
```

4. Função de visualização de dados meteorológicos

- **show_weather():** Obtém o nome da cidade a partir do widget de entrada e chama get_weather(city).
- **result_label.config():** Actualiza a etiqueta com as informações meteorológicas.
- **icon_url:** Constrói o URL para o ícone do tempo.
- **requests.get(icon_url, stream=True):** Obtém o ícone do tempo.
- **Image.open(io.BytesIO(response.content)):** Lê a imagem do fluxo de bytes.
- **icon_image.resize():** Redimensiona a imagem para 100x100 pixels.
- **ImageTk.PhotoImage(icon_image):** Converte a imagem para um formato compatível com o Tkinter.
- **icon_label.config(image=icon_photo):** Actualiza a etiqueta do ícone com a imagem obtida.
- **messagebox.showerror():** Exibe uma mensagem de erro se a cidade não for encontrada ou se houver um erro de API.

```python
def show_weather():
    city = city_entry.get()
    weather = get_weather(city)
    if weather:
        result_label.config(text=f"City: {weather['city']}\n"
                                f"Temperature: {weather['temperature']}°C\n"
                                f"Description: {weather['description'].title()}")
        icon_url = f"http://openweathermap.org/img/wn/{weather['icon']}@2x.png"
        response = requests.get(icon_url, stream=True)
        if response.status_code == 200:
            icon_image = Image.open(io.BytesIO(response.content))
            icon_image = icon_image.resize((100, 100), Image.LANCZOS)
            icon_photo = ImageTk.PhotoImage(icon_image)
            icon_label.config(image=icon_photo)
            icon_label.image = icon_photo
        else:
            icon_label.config(image='')
            icon_label.image = None
    else:
        messagebox.showerror("Error", "City not found or API error")
```

5. **Criar a janela principal**

- **root = tk.Tk():** Cria a janela principal.
- **root.title**(): Define o título da janela.
- **root.geometry():** Define o tamanho da janela.
- **root.configure():** Define a cor de fundo.

```python
root = tk.Tk()
root.title("Weather App")
root.geometry("400x400")
root.configure(bg='#ADD8E6')
```

6. **Criar e colocar widgets**

- **header_label:** Apresenta o título da aplicação.
- **city_label:** Solicita ao utilizador que introduza o nome de uma cidade.
- **city_entry:** Widget de entrada para o utilizador introduzir o nome da cidade.
- **search_button:** Botão para acionar a função show_weather.
- **result_label:** Apresenta as informações meteorológicas obtidas.
- **icon_label:** Apresenta o ícone do tempo.

```
header_label = tk.Label(root, text="Weather App", font=("Helvetica", 24, 'bold'), bg='#ADD8E6', fg='#003366')
header_label.pack(pady=20)

city_label = tk.Label(root, text="Enter city name:", font=("Helvetica", 14), bg='#ADD8E6', fg='#003366')
city_label.pack(pady=10)

city_entry = tk.Entry(root, font=("Helvetica", 14))
city_entry.pack(pady=5)

search_button = tk.Button(root, text="Search", font=("Helvetica", 14), command=show_weather, bg='#003366', fg='white'
search_button.pack(pady=10)

result_label = tk.Label(root, text="", font=("Helvetica", 14), bg='#ADD8E6', fg='#003366')
result_label.pack(pady=20)

icon_label = tk.Label(root, bg='#ADD8E6')
icon_label.pack()
```

7. **Executar o ciclo de eventos principal (Figura 3.2)**

- **root.mainloop():** Inicia o ciclo de eventos ***Tkinter***, permitindo que a ***GUI*** seja executada e responda às acções do utilizador.

```
root.mainloop()
```

Figura 3.2: Aplicação meteorológica.

3.3 - Aplicação desktop com *Tkinter* para mostrar uma mensagem

Este exemplo demonstra os princípios básicos da criação de aplicações em Python utilizando diferentes tipos de interfaces de utilizador com o tkinter.

- **Explicação do código (etapas de implementação)**

1. **Importar o Tkinter**: import tkinter as tk
2. **Criar a janela principal**: root = tk.Tk()

3. **Criar widgets**: *Um botão e uma etiqueta.*
4. **Definição de uma função de retorno de chamada**: show_message *que altera o texto da etiqueta.*
5. **Iniciar o ciclo principal**: root.mainloop()

- **Implementação Python**

```
import tkinter as tk

def show_message():
    message_label.config(text="Hello, welcome to our app!")

# Create the main window
root = tk.Tk()
root.title("Simple App with Tkinter")

# Create a button
message_button = tk.Button(root, text="Click here", command=show_message)
message_button.pack(pady=20)

# Create a label to display the message
message_label = tk.Label(root, text="")
message_label.pack(pady=20)

# Start the main loop of the interface
root.mainloop()
```

- **Resultados**

3.4 - Aplicação Web com Flask

Código da aplicação Flask, juntamente com algumas orientações para a executar fora de um ambiente interativo (aplicação Web):

Este exemplo demonstra os princípios básicos da criação de aplicações em Python utilizando dois tipos diferentes de interfaces de utilizador.

- **Explicação do código (etapas de implementação)**

1. **Importando o Flask:** *from flask import Flask, render_template_string*
2. **Criar a aplicação Flask:** *app = Flask(__name__)*
3. **Definir a rota principal:** *@app.route('/')*
4. **Definição da função view:** *home que devolve uma cadeia HTML.*
5. **Iniciar o servidor:** *app.run(debug=True)*
6. **Guarde o seguinte código num ficheiro com o nome** "app.py"

```
# Application Web with Flask - Example simple

from flask import Flask, render_template_string

app = Flask(__name__)

@app.route('/')
def home():
    return render_template_string("<h1>Hello, welcome to our web page!</h1>")

if __name__ == "__main__":
    app.run(debug=True)
```

7. **A funcionar** *em http://127.0.0.1:5000*

8. **Prima CTRL+C para sair**

3.5- Implementação de uma página Web em HTML

Para implementar uma página Web em HTML que leia uma imagem de uma pasta específica e a apresente na página, é necessário especificar o caminho correto para a imagem relativamente ao seu ficheiro HTML. Aqui está um exemplo completo de um programa HTML que lê uma imagem de uma pasta chamada imagens e a apresenta na página Web:

- **Estrutura da pasta**

Certifique-se de que a sua imagem step7.jpg está corretamente colocada numa pasta chamada images, localizada ao mesmo nível que o seu ficheiro HTML index.html.

```
/project
   /images
       step7.jpg
   index.html
```

- **Caminho da imagem**

Na etiqueta ***<img>***, o ***caminho src="images/step7.jpg"*** indica que o ficheiro de imagem se encontra na pasta images, relativamente à localização do ficheiro HTML.

Seguindo esta estrutura, quando abrir ***index.html*** num navegador Web, a imagem ***step7.jpg*** será carregada e apresentada corretamente na página.

- **Etapas do código HTML:**
  - ✓ **Idioma da página:** O documento HTML é definido como inglês com lang="en".
  - ✓ **Título da página:** O título foi atualizado para "Utilização de robôs móveis em cidades inteligentes".
  - ✓ **Nome da empresa:** O nome da empresa no rodapé foi atualizado para "JMROSARIO".
  - ✓ **Texto de boas-vindas:** O texto de boas-vindas foi traduzido para inglês.
  - ✓ **Caminho da imagem:** Certifique-se de que a imagem step7.jpg é colocada na pasta de imagens ao mesmo nível que o seu ficheiro HTML.

```
<!DOCTYPE html>
<html lang="en">
<head>
    <meta charset="UTF-8">
    <meta name="viewport" content="width=device-width, initial-scale=1.0">
    <title>Use of Mobile Robots in Smart City</title>
</head>
<body>
    <h1>Welcome to JMROSARIO</h1>
    <p>Exploring the use of mobile robots in smart city environments.</p>
    <img src="images/step7.jpg" alt="Step 7">
    <footer>
        <p>&copy; 2024 JMROSARIO. All rights reserved.</p>
    </footer>
</body>
</html>
```

- **Abrir index.html com o Internet Explorer (Figura 3.3)**

Mobile Robots in Smart City - Applications

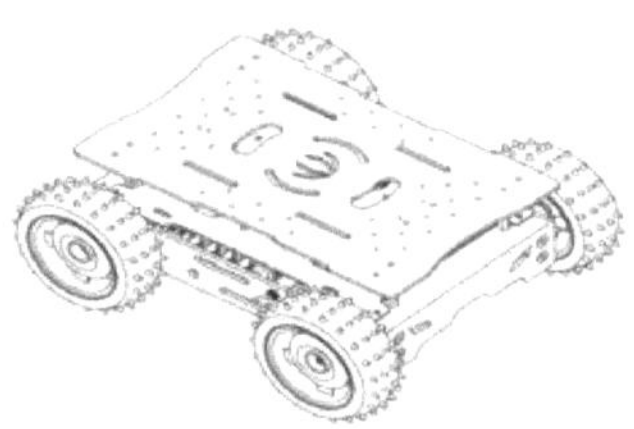

Welcome to our website: Use of Mobile Robots in Smart City!

We are delighted to have you here. Feel free to explore our content and contact us if you have any questions.

© 2024 J.M. ROSARIO. All rights reserved.

Figura 3.3: Index.html.

3.6- Implementação de uma página web em ficheiro HTML usando Flask em Python

Para exibir uma imagem num ***ficheiro HTML*** utilizando ***o Flask***, é necessário colocar a imagem na ***pasta estática*** e referenciar esta imagem no seu ficheiro HTML utilizando a função url_for. Aqui está um exemplo completo:

```
/your_project
├── app.py
├── templates
│   └── index.html
└── static
    └── images
        └── your_image.png
```

3.6.1 - Explicação do código

- **Estrutura do projeto:** Certifique-se de que sua imagem your_image.png seja colocada em uma pasta chamada images dentro da pasta static. O seu ficheiro HTML deve estar na pasta templates e o seu ficheiro principal da aplicação Flask deve ter o nome ***app.py***.

- **Aplicação Flask (app.py):** Este ficheiro configura uma aplicação Flask simples com uma rota (/) que processa o modelo ***index.html***.

- **Ficheiro HTML (index.html):** Este ficheiro utiliza a função ***url_for*** para gerar o ***URL*** correto para a imagem localizada na pasta estática. Isto assegura que a imagem é corretamente referenciada e apresentada na página Web.

Seguindo esta estrutura e código, será capaz de mostrar uma imagem numa página web usando o Flask.

3.6.2 - Implementação do código

- **app.py:**

```python
from flask import Flask, render_template

host = '127.0.0.1'   # HOST
port = 5000          # PORT

app = Flask(__name__)

@app.route('/')
def home():
    return render_template('index.html')

if __name__ == '__main__':
    app.run(host=host, port=port, debug=True)
```

- **templates/index.html:**

```html
<!DOCTYPE html>
<html lang="en">
<head>
    <meta charset="UTF-8">
    <meta name="viewport" content="width=device-width, initial-scale=1.0">
    <title>Display Image with Flask</title>
</head>
<body>
    <h1>Welcome to the Flask App</h1>
    <img src="{{ url_for('static', filename='images/your_image.png') }}" alt="Your Image">
    <footer>
        <p>&copy; 2024 JMROSARIO. All rights reserved.</p>
    </footer>
</body>
</html>
```

3.6.3 - Funcionamento em http://127.0.0.1:5000 (Figura 3.4)

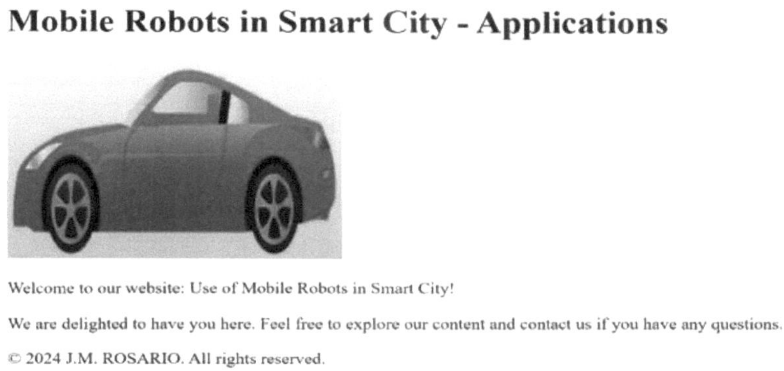

Figura 3.4: Em execução em http://127.0.0.1:5000.

3.7 - Conclusão

Neste capítulo, exploramos a utilização de APIs em Python, com foco no desenvolvimento de aplicativos que aproveitam as APIs RESTful para comunicação em rede. Aprofundamos o estilo arquitetônico das APIs REST, enfatizando sua natureza sem estado e o uso de métodos HTTP (GET, POST, PUT, DELETE) para executar várias ações em recursos. Compreendendo URLs e pontos de extremidade, discutimos como as APIs REST expõem esses pontos para a interação do cliente.

O capítulo forneceu um guia abrangente sobre a utilização da ***API OpenWeatherMap*** numa aplicação Python, ilustrando o processo de obtenção e apresentação de dados meteorológicos utilizando a biblioteca ***Tkinter***. Este exemplo sublinhou a importância de lidar com ***pedidos HTTP***, processar ***dados JSON*** e atualizar a GUI dinamicamente com base na informação recuperada.

Também destacámos várias estruturas e bibliotecas que facilitam o desenvolvimento de diferentes tipos de aplicações, como o ***Tkinter*** para aplicações de ambiente de trabalho e ***o Flask*** para aplicações Web. Ao examinar as etapas de implementação detalhadas, demonstrámos como criar uma aplicação meteorológica funcional, abrangendo tudo, desde a importação das bibliotecas necessárias até à definição da lógica central para obter e apresentar dados.

Este capítulo serve como um guia fundamental para programadores Python que pretendem integrar APIs nas suas aplicações, fornecendo ideias e exemplos práticos para melhorar a sua compreensão e capacidades na utilização de APIs.

3.8 - Referências

1. **Lutz, M. (2013).** *Aprendendo Python*. O'Reilly Media, Inc.

2. **Reitz, K., & Schlusser, T. (2016).** *O Guia do Mochileiro para Python: Melhores práticas para o desenvolvimento*. O'Reilly Media, Inc.

3. **Grinberg, M. (2018).** *Desenvolvimento Web Flask: Desenvolvendo aplicativos da Web com Python*. O'Reilly Media, Inc.

4. **Richardson, L., & Ruby, S. (2007).** *Serviços Web RESTful*. O'Reilly Media, Inc.

5. **Chun, W. J. (2016).** *Programação de aplicações Python essenciais*. Pearson Education.

Capítulo 4

Aplicações de bases de dados relacionais numa cidade inteligente

Este exemplo mostra o papel crucial das bases de dados relacionais numa infraestrutura de cidade inteligente. Uma cidade inteligente aproveita a tecnologia digital e as soluções baseadas em dados para melhorar a qualidade de vida dos seus habitantes, racionalizar os serviços urbanos e promover o desenvolvimento sustentável.

As bases de dados relacionais (BDR) são uma pedra angular da infraestrutura das cidades inteligentes, oferecendo uma gestão de dados robusta, uma melhor tomada de decisões, melhores serviços e um tratamento seguro dos dados (Figura 4.1). A sua capacidade de integração com várias tecnologias e de gestão de grandes conjuntos de dados torna-as indispensáveis para o funcionamento eficiente e eficaz das cidades inteligentes. As RDBs são essenciais para gerir e utilizar as grandes quantidades de dados gerados num ecossistema de cidade inteligente

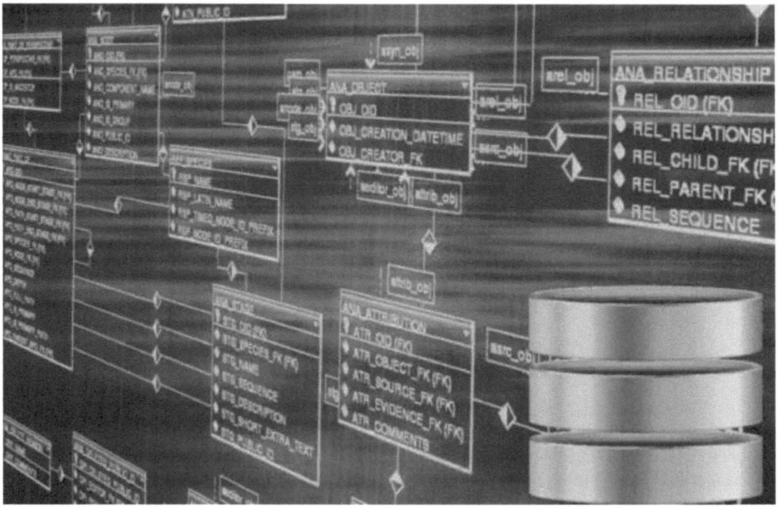

Figura 4.1: Bases de dados relacionais.

4.1 - Importância da utilização de bases de dados relacionais nas Smart Cities

4.1.1 - Gestão eficaz dos dados

As bases de dados relacionais (RDB) são fundamentais para a gestão de grandes quantidades de dados estruturados gerados pelas infra-estruturas das cidades inteligentes. Elas garantem:

- **Integridade dos dados**: Ao aplicar regras como chaves primárias e estrangeiras, os RDBs mantêm a consistência e a integridade dos dados.
- **Normalização**: Reduz a redundância e melhora a eficiência do armazenamento de dados.
- **Escalabilidade**: lida com grandes volumes de dados de forma eficiente, essencial para ambientes urbanos em crescimento.

4.1.2 - Melhoria da tomada de decisões

As cidades inteligentes baseiam-se em decisões baseadas em dados para melhorar a vida urbana. Os RDBs fornecem:

- **Relatórios exactos**: As consultas SQL podem extrair informações precisas de grandes conjuntos de dados para a tomada de decisões em tempo real.
- **Análise de dados históricos**: Acompanha as alterações ao longo do tempo, ajudando a prever tendências e a planear as necessidades futuras.

4.1.3 - Melhoria dos serviços e das infra-estruturas

As bases de dados relacionais suportam vários serviços de cidades inteligentes, tais como:

- **Gestão de tráfego**: Analisa dados de tráfego históricos e em tempo real para otimizar o fluxo e reduzir o congestionamento.
- **Segurança pública**: Gere dados de vigilância, serviços de emergência e relatórios de crimes para melhorar as medidas de segurança.
- **Gestão de serviços públicos**: Monitoriza a utilização de água, eletricidade e gás para otimizar a distribuição e reduzir o desperdício.

4.1.4 - Envolvimento dos cidadãos

Os RDB facilitam uma melhor interação entre as autoridades municipais e os cidadãos

- **Portais de serviços**: Manter os dados dos portais em linha onde os cidadãos podem aceder aos serviços, comunicar problemas e acompanhar os pedidos.
- **Sistemas de feedback**: Recolher e analisar o feedback para melhorar os serviços e as infra-estruturas da cidade.

4.1.5 - Interoperabilidade e integração

As cidades inteligentes são compostas por vários subsistemas. As RDBs oferecem:

- **Formatos de dados padronizados**: Assegurar que os diferentes sistemas podem comunicar e partilhar dados sem problemas.
- **Capacidades de integração**: Integra-se facilmente com outras tecnologias, como dispositivos IoT, sistemas de informação geográfica (GIS) e plataformas de grandes volumes de dados.

4.1.6 - Segurança e privacidade

As RDBs incorporam caraterísticas de segurança robustas para proteger os dados sensíveis da cidade:

- **Controlo de acesso**: Garante que apenas o pessoal autorizado pode aceder ou modificar os dados.

- **Encriptação**: Protege os dados em trânsito e em repouso, salvaguardando a informação dos cidadãos.

4.1.7 - Eficiência operacional

Ao centralizar a gestão de dados, as RDBs melhoram a eficiência operacional global das iniciativas de cidades inteligentes:

- **Processos automatizados**: Simplifique e automatize as tarefas de rotina, reduzindo a intervenção manual e os erros.
- **Otimização de recursos**: Alocar recursos de forma eficiente com base em informações orientadas por dados, melhorando a prestação de serviços e a redução de custos.

4.2 - Exemplos de aplicações para cidades inteligentes utilizando RDBs

- **Sistemas de transporte inteligentes**: Utilizar RDBs para gerir dados de sensores, semáforos e horários de transportes públicos.
- **Sistemas de gestão de energia**: Armazenar e analisar dados de contadores inteligentes e fontes de energia renováveis para otimizar a utilização de energia.
- **Serviços de cuidados de saúde**: Manter registos de pacientes e dados de saúde para fornecer serviços de saúde melhores e personalizados.

4.3 - Conceitos de bases de dados relacionais

4.3.1 - Método MERISE

MERISE é uma metodologia francesa utilizada para a conceção de sistemas de informação. Centra-se em três aspectos fundamentais:

- **Modelação de dados conceptuais**: Identifica as entidades, relações e restrições dentro do sistema utilizando um Diagrama Entidade-Relação (ERD).
- **Modelação de dados lógicos**: Converte o modelo concetual num esquema lógico, assegurando a normalização dos dados e as restrições de integridade.
- **Modelação de dados físicos**: Transforma o esquema lógico num esquema físico adequado a um sistema de gestão de bases de dados (SGBD) específico.

4.3.2 - Derivação de esquemas relacionais a partir de tuplas

Para derivar esquemas relacionais a partir de tuplas:

- **Identificar entidades e atributos**: Determinar as principais entidades e os seus atributos a partir do conjunto de dados.
- **Normalizar dados**: Aplicar técnicas de normalização para reduzir a redundância de dados e melhorar a integridade dos dados.
- **Definir relações**: Estabelecer relações entre entidades, assegurando a integridade referencial através de chaves primárias e estrangeiras.

4.3.3 - Operadores comuns na Álgebra Relacional

A Álgebra Relacional utiliza um conjunto de operadores para manipular dados relacionais. Os operadores mais comuns incluem:

- **Seleção (σ)**: Seleciona as linhas que satisfazem um determinado predicado.
- **Projeção (π)**: Seleciona colunas específicas de uma relação.
- **União (□)**: Combina os resultados de duas relações, eliminando os duplicados.
- **Diferença (-)**: Recupera linhas da primeira relação que não estão na segunda relação.
- **Produto cartesiano (×)**: Combina duas relações numa só, emparelhando cada linha da primeira relação com cada linha da segunda.
- **Join (□)**: Combina duas relações com base num atributo relacionado.

4.4 - Linguagem SQL

A SQL (Structured Query Language) é a linguagem padrão para gerir e manipular bases de dados relacionais. Os principais componentes incluem:

- **Linguagem de definição de dados (DDL)**: Define o esquema da base de dados (CREATE, ALTER, DROP).
- **Linguagem de Manipulação de Dados (DML)**: Manipula dados dentro da base de dados (SELECT, INSERT, UPDATE, DELETE).
- **Linguagem de Controlo de Dados (DCL)**: Controla o acesso aos dados (GRANT, REVOKE).

4.4.1 - Implementação no DB Browser

O DB Browser for SQLite é uma ferramenta visual utilizada para gerir bases de dados SQLite. Permite aos utilizadores:

- **Criar e modificar tabelas**: Definir esquemas de tabelas e modificar as existentes.
- **Executar consultas SQL**: Executar comandos SQL para interagir com a base de dados.
- **Procurar dados**: Visualizar e editar os dados armazenados na base de dados.

4.4.2 - Exemplos de consultas SQL

Eis alguns exemplos de consultas SQL comuns:

- **Criar uma tabela:**

```
CREATE TABLE Students (
    StudentID INTEGER PRIMARY KEY,
    FirstName TEXT NOT NULL,
    LastName TEXT NOT NULL,
    EnrollmentDate DATE
);
```

- **Inserção de dados:**

```
INSERT INTO Students (FirstName, LastName, EnrollmentDate)
VALUES ('John', 'Doe', '2022-09-01');
```

- **Seleção de dados:**

```
SELECT * FROM Students WHERE EnrollmentDate > '2022-01-01';
```

- **Atualização de dados:**

```
UPDATE Students
SET LastName = 'Smith'
WHERE StudentID = 1;
```

- **Eliminar dados:**

```
DELETE FROM Students WHERE StudentID = 1;
```

Ao compreender e utilizar estes princípios e ferramentas, é possível gerir e manipular eficazmente bases de dados relacionais para satisfazer vários requisitos dos sistemas de informação.

4.5 - Implementação de esquemas relacionais no Excel

4.5.1 - Leitura e visualização de uma RDB no Excel

Programa Python que lê quatro tabelas relacionais de um ficheiro Excel desenhadas a partir dos respectivos esquemas relacionais com a possibilidade de adicionar o esquema relacional associado a cada tabela.

Este exemplo mostrará a implementação de quatro tabelas relacionais de produção de vinho (***Vinhos1***, ***Vinhos2***, ***Viticultores*** e ***Produtores***). Os resultados são apresentados na Figura 4.2.

```
Table Vins1:
    ID       Cru  Annee  Degres
0  100   Chablis   1974      12
1  110  Mercurey   1978      13
2  120     Macon   1977      12

Schema Vins1:
{'id_vin': 'INT', 'nom_vin': 'TEXT', 'annee': 'INT', 'id_viticulteur': 'INT'}

Table Vins2:
    ID       Cru  Annee  Degres
0  100   Chablis   1974      12
1  200  Sancerre   1979      11

Schema Vins2:
{'id_vin': 'INT', 'nom_vin': 'TEXT', 'annee': 'INT', 'id_producteur': 'INT'}

Table Viticulteurs:
       Nom     Ville     Region
0  Nicolas   Pouilly  Bourgogne
1   Martin  Bordeaux  Bordelais

Schema Viticulteurs:
{'id_viticulteur': 'INT', 'nom_viticulteur': 'TEXT', 'region': 'TEXT'}

Table Producteurs:
       Nom    Ville     Region
0  Nicolas  Pouilly  Bourgogne
1    Felix    Macon  Bourgogne
2   Pierre   Saumur      Loire

Schema Producteurs:
{'id_producteur': 'INT', 'nom_producteur': 'TEXT', 'ville': 'TEXT'}
```

Figura 4.2: Apresentação de esquemas de dados e de tabelas.

Importante: Para adicionar um esquema relacional a cada uma das tabelas lidas a partir do ficheiro Excel, é necessário definir um dicionário em que as chaves são os nomes das tabelas e os valores são os esquemas correspondentes.

- **Bibliotecas Python:**

```
import pandas as pd
import sqlite3
```

- **Função para ler um ficheiro Excel:**

```
def lire_fichier_excel(nom_fichier):
    # Lecture du fichier Excel
    xl = pd.ExcelFile(nom_fichier)

    # Récupération des données de chaque feuille
    vins1_df = xl.parse('Vins1')
    vins2_df = xl.parse('Vins2')
    viticulteurs_df = xl.parse('Viticulteurs')
    producteurs_df = xl.parse('Producteurs')

    # Schémas relationnels associés à chaque table
    schemas = {
        'Vins1': {
            'id_vin': 'INT',
            'nom_vin': 'TEXT',
            'annee': 'INT',
            'id_viticulteur': 'INT'
        },
        'Vins2': {
            'id_vin': 'INT',
            'nom_vin': 'TEXT',
            'annee': 'INT',
            'id_producteur': 'INT'
        },
        'Viticulteurs': {
            'id_viticulteur': 'INT',
            'nom_viticulteur': 'TEXT',
            'region': 'TEXT'
        },
        'Producteurs': {
            'id_producteur': 'INT',
            'nom_producteur': 'TEXT',
            'ville': 'TEXT'
        }
    }

    return vins1_df, vins2_df, viticulteurs_df, producteurs_df, schemas
```

- **Programa principal:**

```
# Chemin vers le fichier Excel contenant les données
nom_fichier_excel = 'data/BD_Vins.xlsx'

# Lecture du fichier Excel
vins1, vins2, viticulteurs, producteurs, schemas = lire_fichier_excel(nom_fichier_excel)

# Affichage des données et schémas des tables
print("Table Vins1:")
print(vins1)
print("\nSchema Vins1:")
print(schemas['Vins1'])

print("\nTable Vins2:")
print(vins2)
print("\nSchema Vins2:")
print(schemas['Vins2'])

print("\nTable Viticulteurs:")
print(viticulteurs)
print("\nSchema Viticulteurs:")
print(schemas['Viticulteurs'])

print("\nTable Producteurs:")
print(producteurs)
print("\nSchema Producteurs:")
print(schemas['Producteurs'])
```

4.5.2 - Implementação de esquemas relacionais no Excel - resultados

- Vinhos1 Mesa
  - ✓ **Esquema relacional**

    {'id_vin': 'INT', 'nom_vin': 'TEXT', 'annee': 'INT', 'id_viticulteur': 'INT'}

  - ✓ **Tuplas**
    - **100, Chablis, 1974, 12**
    - **110, Mercurey, 1918, 13**
    - **120, Macon, 1977, 12**

  - ✓ **Tabela Vins_1**

	ID	Cru	Année	Degrés
0	100	Chablis	1974	12
1	110	Mercurey	1978	13
2	120	Macon	1977	12

- Vinhos2 Mesa
- **Esquema relacional**

  {'id_vin': 'INT', 'nom_vin': 'TEXT', 'annee': 'INT', 'id_viticulteur': 'INT'}

- **Tuplas**
  - **100, Chablis, 1974, 12**
  - **200, Sancerre, 1979, 11**

- **Mesa Vins_2**

	Numéro	Cru	Année	Degrés
0	100	Chablis	1974	12
1	200	Sancerre	1979	11

- Mesa dos viticultores

- **Esquema relacional**
  `{'id_viticulteur': 'INT', 'nom_viticulteur': 'TEXT', 'region': 'TEXT'}`

- **Tuplas**

  - **Nicolas, Pouilly, Bourgogne**
  - **Martin, Bordeaux, Bordelais**

- **Mesa dos viticultores**

	Nom	Ville	Région
0	Nicolas	Pouilly	Bourgogne
1	Martin	Bordeaux	Bordelais

- Quadro de Produtores
- **Esquema relacional**
  `{'id_producteur': 'INT', 'nom_producteur': 'TEXT', 'ville': 'TEXT'}`

- **Tuplas**

  - **Nicolas, Pouilly, Bourgogne**
  - **Felix, Pouilly, Bourgogne**
  - **Pierre, Saumur, Loire**

- **Quadro de Produtores**

	Nom	Ville	Région
0	Nicolas	Pouilly	Bourgogne
1	Felix	Macon	Bourgogne
2	Pierre	Saumur	Loire

4.5.3 - Utilizar a álgebra relacional - Exemplos de operações

- União

Esta consulta selecionará todas as colunas da **tabela Vins1** e concatená-las-á com todas as linhas da **tabela Vins2.**

- As colunas devem corresponder em ambas as tabelas para que esta operação seja bem sucedida.

Union : Vins3 = Vins1 U Vins2 ➡

```
SELECT * FROM Vins1
UNION
SELECT * FROM Vins2;
```

➡

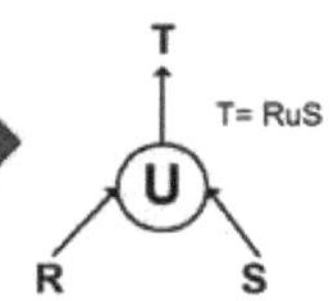

	ID	Cru	Annee	Degres
1	100	Chablis	1974	12
2	110	Mercurey	1978	13
3	120	Macon	1977	12
4	200	Sancerre	1979	11

- **Consulta do browser DB**
  - Se as tabelas tiverem colunas diferentes, terá de especificar explicitamente quais as colunas que pretende selecionar e, opcionalmente, adicionar valores **NULL** para as colunas em falta em cada subconsulta.

```
SELECT id_vin, nom_vin, annee, id_viticulteur FROM Vins1
UNION
SELECT id_vin, nom_vin, annee, NULL FROM Vins2;
```

- Diferença

A operação de diferença entre duas tabelas em **SQLite**, pode utilizar o operador **EXCEPT**, para encontrar as linhas presentes em **Vins1** mas ausentes em **Vins2**

- Esta consulta selecionará todas as linhas em Vins1 que não estejam em **Vins2**.

Différence : Vins4 = Vins1 - Vins2 ➡

```
SELECT * FROM Vins1
EXCEPT
SELECT * FROM Vins2;
```

➡

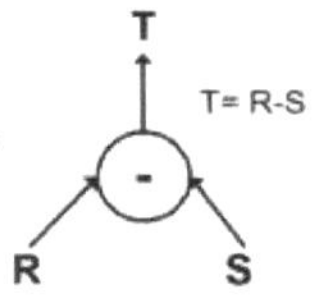

	ID	Cru	Annee	Degres
1	110	Mercurey	1978	13
2	120	Macon	1977	12

- **Consulta do browser DB**
  - Se pretender selecionar apenas algumas colunas específicas na **diferença**, pode especificá-las explicitamente na consulta

```
SELECT id_vin, nom_vin, annee, id_viticulteur FROM Vins1
EXCEPT
SELECT id_vin, nom_vin, annee, id_producteur FROM Vins2;
```

- Nesta consulta, selecionámos apenas os dados **id_vin**, **nom_vin**, **annee** e **id_viticulteur** de **Vins1** que não estão presentes em **Vins2**

- Produto cartesiano

Para efetuar o produto cartesiano das tabelas **Wines1** e **Winegrowers** em SQLite, pode utilizar a cláusula **CROSS-JOIN**.

- Esta consulta irá selecionar todas as combinações possíveis de linhas entre as tabelas **Wines1** e **Winegrowers**, produzindo assim o **produto cartesiano** das duas tabelas.

Produit cartésien ➡ Vignobles = Vins1 x Viticulteurs ➡

```
SELECT * FROM Vins1
CROSS JOIN Viticulteurs;
```

➡ 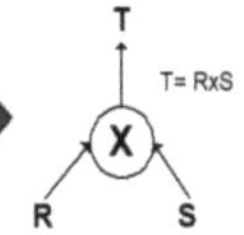

	ID	Cru	Annee	Degres	Nom	Ville	Region
1	100	Chablis	1974	12	Nicolas	Pouilly	Bourgogne
2	100	Chablis	1974	12	Martin	Bordeaux	Bordelais
3	110	Mercurey	1978	13	Nicolas	Pouilly	Bourgogne
4	110	Mercurey	1978	13	Martin	Bordeaux	Bordelais
5	120	Macon	1977	12	Nicolas	Pouilly	Bourgogne
6	120	Macon	1977	12	Martin	Bordeaux	Bordelais

- **Consulta do browser DB**
  - Se pretender especificar explicitamente quais as colunas a selecionar no resultado **do produto cartesiano**, pode especificá-las explicitamente na consulta

```
SELECT Vins1.id_vin, Vins1.nom_vin, Vins1.annee, Vins1.id_viticulteur, Viticulteurs.nom_viticulteur, Viticulteurs.region
FROM Vins1
CROSS JOIN Viticulteurs;
```

- Nesta consulta, especificámos as colunas a selecionar de cada tabela (**Wines1** e **Winegrowers**).

- Projeção - **Exemplo 1**

A projeção é uma operação no domínio da álgebra relacional que consiste em selecionar apenas determinadas colunas de uma tabela.

  - Em **SQL**, isto é feito utilizando a cláusula **SELECT** seguida dos nomes das colunas que pretende selecionar.
    - Esta consulta projecta Vins1 nas colunas **Year** e **Degrees**.

Projection ➡ Vins5 = Vins1 {Année, degres} ➡

```
SELECT Annee, degres
FROM Vins1;
```

➡ 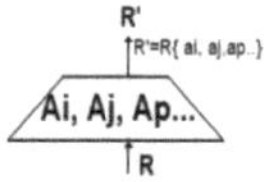

- Esta consulta projecta Vins1 nas colunas **Year** e **Degrees**.

	Annee	Degres
1	1974	12
2	1978	13
3	1977	12

- Projeção - **Exemplo 2**

Para projetar a **tabela Produtores** na **coluna Região**

  - Esta consulta selecionará apenas a **coluna Region da** tabela **Producers**, representando assim a projeção da **tabela Producers** na **coluna Region.**

Se executar uma consulta de projeção numa coluna que contenha valores repetidos numa tabela.

- **O DB Browser** (ou qualquer outra ferramenta de gestão de bases de dados) apresentará todas as ocorrências de cada valor distinto.

	Region
1	Bourgogne
2	Bourgogne
3	Loire

- **Restrição**

- Tabela **Vins1** em que o valor da coluna **Degrees** é **inferior a** 13
  - Cláusula **WHERE** em **SQL**
  - Esta consulta selecionará todas as linhas da tabela **Vins1** em que o valor da coluna **Degrees** é inferior a 13

- **Consulta do browser DB**

	ID	Cru	Annee	Degres
1	100	Chablis	1974	12
2	120	Macon	1977	12

- **Aderir**

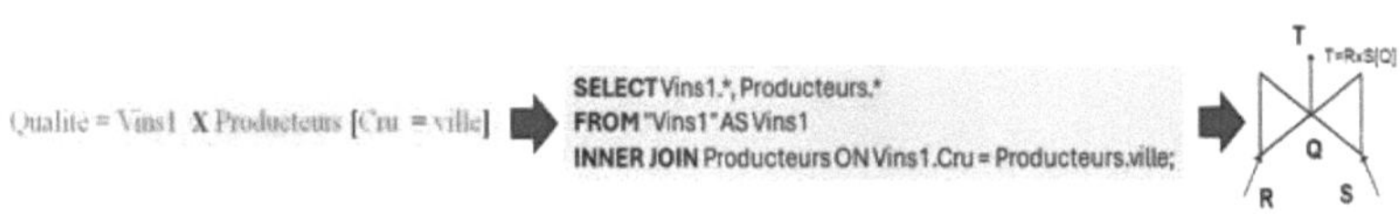

- Efetuar a junção entre as tabelas **Vins1** e **Producers** na condição de a **coluna Cru de Vins1** ser igual à **coluna city de Producers**

- **Consulta do browser DB**

- **"Vins-1" AS Vins1** defines an alias for the **Vins1 table** to facilitate its use in the query.
- **INNER JOIN Producers ON Wines1.Cru = Producers.city** specifies the join condition where the **Cru column** of **Wines-1** is equal to the **city column** of **Producers** .
- **SELECT Wines1.*, Producers.* selects all Wines1** and **Producers** columns .

	ID	Cru	Annee	Degres	Nom	Ville	Region
1	120	Macon	1977	12	Felix	Macon	Bourgogne

- Cruzamento

Intersection ➡ Vins9 = Vins1 ∩ Vins2 ➡

```
SELECT * FROM "Vins1"
INTERSECT
SELECT * FROM "Vins2";
```

➡ 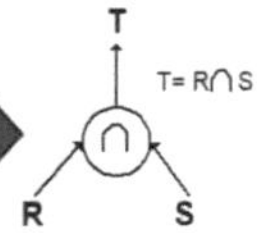

- Para obter a **intersecção** dos resultados entre as tabelas **Vins1** e **Vins2**, procuramos as linhas comuns entre estas duas tabelas
  - Operador **INTERSECT** em **SQL**

- **Consulta do browser DB**
  - Selecionar todas as linhas que estão presentes na **tabela Vins1** e na **tabela Vins2** e devolverá as linhas que são comuns a ambas as tabelas.

	ID	Cru	Annee	Degres
1	100	Chablis	1974	12

- Divisão

Vins12 = Vins11 / Vins10 ➡ 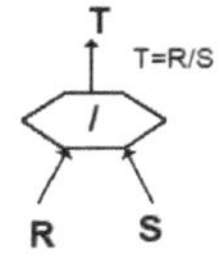

Para exemplificar a **relação SQL de** divisão, modelamos a **operação de união** seguida de uma operação de divisão no contexto da combinação de dois conjuntos de dados de vinhos (**Vins1** e **Vins2**), onde extraímos os vinhos que estão presentes nos dois conjuntos originais.

- A relação **Vins10** é formada pela combinação de registos das tabelas **Vins1** e **Vins2** sem incluir duplicados (**operador UNION**).

Union ➡ Vins10 = Vins1 U Vins2 ➡

```
CREATE TABLE Vins10 AS
SELECT * FROM Vins1
UNION
SELECT * FROM Vins2;
```

- Relação **Vins11** selecionando os registos **Vins10** que também estão presentes em **Vins1 (operador INTERSECTION)**

- Isto dá os vinhos que estavam inicialmente presentes em **Vins1** e foram incluídos em **Vins10**

Intersection ➡ Vins11 = Vins10 ∩ Vins1 ➡

```
CREATE TABLE Vin11 AS
SELECT ID FROM Vins10
INTERSECT
SELECT ID FROM Vins1;
```

- Relação **Vins12** selecionando os registos **Vins11** que também estão presentes em **Vins2 (operador INTERSECTION)**

- Isto dá-nos os vinhos que estavam inicialmente presentes em **Vins2** e que foram incluídos em **Vins11**

Intersection ➡ Vins12 = Vins11 ∩ Vins2 ➡

```
CREATE TABLE Vin12 AS
SELECT ID FROM Vins11
INTERSECT
SELECT ID FROM Vins2;
```

- Isto dá os vinhos que estão presentes tanto em **Vins1** como em **Vins2** após a **união**, ou seja, aqueles que foram adicionados a **Vins11** e permanecem depois de serem filtrados por **Vins2**.

- **Consulta do browser DB**

	Nom	Ville	Region
1	Nicolas	Pouilly	Bourgogne
2	Felix	Macon	Bourgogne
3	Pierre	Saumur	Loire

4.5.4 - Leitura de dados do Excel em DataFrames para criação de base de dados SQLite

Nesta secção, vamos ler os dados de um ficheiro Excel para DataFrames do pandas e criar uma base de dados SQLite ***(.db)*** para consultar posteriormente utilizando o **DB Browser**. Aqui está um guia passo a passo:

1. **Preparação**
   - Assegurar que o ficheiro Excel está corretamente estruturado e que os dados são consistentes para evitar erros durante a inserção na base de dados.

2. **Ler dados com o Pandas**
   - Utilize a biblioteca Pandas para ler folhas de Excel em DataFrames. Isto permitir-nos-á manipular e analisar os dados antes de os armazenar na base de dados.

```
import pandas as pd

# Read Excel file
excel_file = 'data.xlsx'
df_vins1 = pd.read_excel(excel_file, sheet_name='Vins1')
df_vins2 = pd.read_excel(excel_file, sheet_name='Vins2')
df_viticulteurs = pd.read_excel(excel_file, sheet_name='Viticulteurs')
df_producteurs = pd.read_excel(excel_file, sheet_name='Producteurs')
```

3. **Criar uma base de dados SQLite**
   - Utilize a biblioteca sqlite3 do Python para criar uma base de dados SQLite e inserir os dados dos DataFrames nas tabelas correspondentes.

```python
import sqlite3

# Connect to SQLite database (or create it)
conn = sqlite3.connect('wines.db')

# Insert data into SQLite tables
df_vins1.to_sql('Vins1', conn, if_exists='replace', index=False)
df_vins2.to_sql('Vins2', conn, if_exists='replace', index=False)
df_viticulteurs.to_sql('Viticulteurs', conn, if_exists='replace', index=False)
df_producteurs.to_sql('Producteurs', conn, if_exists='replace', index=False)

# Close the connection
conn.close()
```

4. **Verificação da integridade dos dados**
   - Verificar se os dados no ficheiro Excel são consistentes. Certifique-se de que:
   - ✓ Não existem valores em falta que possam causar problemas durante as operações da base de dados.
   - ✓ Os tipos de dados são compatíveis com os esperados pela base de dados SQLite.

5. **Consultar a base de dados com o DB Browser**
   - Uma vez executado o código, terá um ficheiro de base de dados SQLite chamado ***wines.db*** que contém as tabelas: ***Wines1***, ***Wines2***, ***Winegrowers*** e ***Producers***.
   - Utilize o DB Browser para executar consultas SQL na base de dados, tais como:

```sql
SELECT * FROM Vins1 WHERE Year > 2015;
```

Ao seguir estes passos, pode gerir e consultar eficazmente os dados de um ficheiro Excel utilizando o SQLite. Este processo destaca a aplicação prática de bases de dados relacionais no tratamento e análise de dados, garantindo que os dados estão organizados, acessíveis e prontos para consultas avançadas em ferramentas como o DB Browser. Este método fornece uma solução robusta para a tomada de decisões com base em dados em vários cenários do mundo real, incluindo iniciativas de cidades inteligentes.

4.6 - Bases de dados relacionais numa cidade inteligente - Estudo de caso prático

As bases de dados relacionais são a espinha dorsal do armazenamento e gestão de dados nas cidades inteligentes. Estas bases de dados organizam os dados em tabelas estruturadas, permitindo a recuperação, manipulação e análise eficientes dos dados. Ao manter relações entre diferentes entidades de dados, as bases de dados relacionais garantem a integridade e a consistência dos dados, que são essenciais para uma gestão fiável dos dados urbanos. Numa cidade inteligente, estas bases de dados suportam várias aplicações, desde a gestão do tráfego e a distribuição de energia até à segurança pública e à prestação de serviços.

4.6.1 - Obter uma base de dados relacional a partir de uma tabela Excel

Este exemplo de aplicação apresenta um estudo de caso prático que demonstra como transformar uma folha de cálculo do Excel em tabelas de bases de dados relacionais. O conjunto de dados contém informações sobre vários restaurantes numa cidade, incluindo atributos como o nome do restaurante, a morada, o bairro, o tipo de cozinha, o prato típico, o preço aproximado, a categoria do restaurante e o sítio Web.

O processo de transformação envolve a criação de tabelas relacionais com base em critérios definidos pelo utilizador, tais como o intervalo de preços e os distritos. Os utilizadores podem especificar estes critérios para filtrar os dados de forma adequada, resultando em novas tabelas que incluem apenas as entradas relevantes.

4.6.2 - Bibliotecas Python para trabalhar com bases de dados

Várias bibliotecas Python são essenciais para trabalhar com bases de dados e lidar com transformações de dados:

- **pandas**: Uma poderosa biblioteca de manipulação e análise de dados que se destaca no tratamento de dados estruturados e na execução de operações em quadros de dados.
- **openpyxl**: Uma biblioteca para ler e escrever ficheiros Excel, crucial para lidar com o conjunto de dados inicial neste estudo de caso.
- **sqlite3**: Uma biblioteca que fornece um banco de dados leve baseado em disco que não requer um processo de servidor separado. Ela permite a fácil integração de operações de banco de dados SQL em scripts Python.
- **SQLAlchemy**: Um kit de ferramentas SQL e uma biblioteca de Mapeamento Objeto-Relacional (ORM) para Python, permitindo uma abstração de alto nível de operações de banco de dados.

4.6.3 - Implementação detalhada do programa Python

Para ilustrar o processo de transformação, apresentamos vários programas Python concebidos para criar e manipular as tabelas da base de dados relacional.

- **Criação de ficheiros Excel**

O programa gera um ficheiro Excel de teste com as colunas especificadas. Este ficheiro serve como conjunto de dados inicial (Figuras 4.3 e 4.4), que inclui: **Nome do restaurante, Endereço, Bairro, Tipo de cozinha, Prato típico, Preço aproximado, Categoria do restaurante e Sítio Web**

```
import pandas as pd

# Créer un DataFrame avec les données
data = {
    'item': [1, 2, 3, 4, 5],
    'Nom_restaurant': ['Chez Alice', 'Bob\'s Diner', 'Carol\'s Café', 'Dave\'s Bistro', 'Eve\'s Eatery'],
    'adresse': ['123 Rue A', '456 Rue B', '789 Rue C', '101 Rue D', '202 Rue E'],
    'arrondissement': ['75001', '75002', '75001', '75003', '75002'],
    'Prix (€)': [20, 30, 40, 50, 60],
    'type_cuisine': ['Française', 'Italienne', 'Française', 'Mexicaine', 'Italienne'],
    'plats_typiques': ['Coq au vin', 'Pasta', 'Croissant', 'Tacos', 'Pizza'],
    'type_resto': ['Brasserie', 'Restaurant', 'Café', 'Bistro', 'Eatery'],
    'www': ['www.chezalice.fr', 'www.bobsdiner.it', 'www.carolcafe.fr', 'www.davesbistro.mx', 'www.eveseatery.it']
}

df = pd.DataFrame(data)

# Sauvegarder le DataFrame dans un fichier Excel
df.to_excel('data/input.xlsx', index=False)

print ("fichier implementé")
```

Figura 4.3: Criar um ficheiro Excel em linguagem Python com as colunas especificadas.

item	Nom_restaurant	adresse	arrondissement	Prix (€)	type_cuisine	plats_typiques	type_resto	www
1	Chez Alice	123 Rue A	75001	20	Française	Coq au vin	Brasserie	www.chezalice.fr
2	Bob's Diner	456 Rue B	75002	30	Italienne	Pasta	Restaurant	www.bobsdiner.it
3	Carol's Café	789 Rue C	75001	40	Française	Croissant	Café	www.carolcafe.fr
4	Dave's Bistro	101 Rue D	75003	50	Mexicaine	Tacos	Bistro	www.davesbistro.mx
5	Eve's Eatery	202 Rue E	75002	60	Italienne	Pizza	Eatery	www.eveseatery.it

Figura 4.4: Ficheiro Excel da base de dados do restaurante.

4.6.4 - Otimização do programa Excel com critérios de filtragem

O segundo programa implementa os critérios de filtragem, permitindo aos utilizadores especificar um intervalo de preços e uma lista de distritos (Figura 2.4). O programa processa o ficheiro Excel e cria novas tabelas com base nestes critérios. As principais considerações incluem:

- Assegurar que os critérios de filtragem correspondem aos dados reais no ficheiro (por exemplo, verificar se os intervalos de preços e os valores de distrito estão corretos).
- Confirmação de que os valores do distrito correspondem exatamente à lista especificada (por exemplo, "75001" e "75002"), tratados como cadeias de caracteres em vez de números inteiros.

```python
import pandas as pd

def split_excel_sheet(input_file, output_file, common_column, split_column, min_price=None, max_price=None, arrondissements=None):
    # Lire le fichier Excel
    df = pd.read_excel(input_file)
    print("Données initiales :")
    print(df)

    # Filtrer par marge de prix si spécifié
    if min_price is not None:
        df = df[df['Prix (€)'] >= min_price]
        print("\nDonnées après filtrage par prix minimum :")
        print(df)

    if max_price is not None:
        df = df[df['Prix (€)'] <= max_price]
        print("\nDonnées après filtrage par prix maximum :")
        print(df)

    # Convertir les arrondissements en chaines de caractères
    df['arrondissement'] = df['arrondissement'].astype(str)
    if arrondissements is not None:
        arrondissements = [str(arr) for arr in arrondissements]  # Converti  les arrondissements en chaines de caractères
        df = df[df['arrondissement'].isin(arrondissements)]
        print("\nDonnées après filtrage par arrondissements :")
        print(df)

    # Vérifier qu'il y a encore des données après filtrage
    if df.empty:
        raise ValueError("Aucune donnée ne correspond aux critères spécifiés après filtrage.")

    # Créer un dictionnaire pour stocker les DataFrames divisés
    df_dict = {group: data for group, data in df.groupby(split_column) if not data.empty}
    print("\nGroupes de données après division par type de cuisine :")
    for group, data in df_dict.items():
        print(f"\nGroupe: {group}")
        print(data)

    # Vérifier qu'il y a des groupes non vides à écrire
    if not df_dict:
        raise ValueError("Aucun groupe de données correspondant aux critères spécifiés.")

    # Utiliser le moteur openpyxl pour écrire dans le fichier Excel
    with pd.ExcelWriter(output_file, engine='openpyxl') as writer:
        for group, data in df_dict.items():
            # Ajouter la colonne commune
            common_data = data[[common_column]].copy()

            # Ajouter les autres colonnes spécifiques à ce groupe
            specific_data = data.drop(columns=[common_column])

            # Fusionner les deux DataFrames
            sheet_data = pd.concat([common_data, specific_data], axis=1)

            # Écrire chaque groupe dans une feuille différente
            sheet_data.to_excel(writer, sheet_name=str(group), index=False)
```

Figura 4.5: Programa em linguagem Python com uma função de otimização do Excel.

4.6.5 - Exemplo de utilização da função de otimização com critérios

terceiro programa fornece um exemplo de como utilizar a função de otimização com critérios específicos. Este exemplo demonstra a aplicação prática do processo de filtragem e criação de tabelas, evidenciando a funcionalidade e eficácia das soluções implementadas (Figuras 4.6 e 4.7).

```python
input_file = 'data/input.xlsx'
output_file = 'data/output.xlsx'
common_column = 'Nom_restaurant'  # Nom de la colonne qui doit apparaître dans toutes les feuilles
split_column = 'type_cuisine'  # Nom de la colonne utilisée pour diviser les données en plusieurs feuilles
min_price = 10  # Prix minimum pour filtrer les données (optionnel)
max_price = 50  # Prix maximum pour filtrer les données (optionnel)
arrondissements = ['75001', '75002']  # Liste des arrondissements pour filtrer les données (optionnel)

split_excel_sheet(input_file, output_file, common_column, split_column, min_price, max_price, arrondissements)
```

Figura 4.6: Exemplo de utilização da função de otimização.

```
Données initiales :
   item Nom_restaurant     adresse  arrondissement  Prix (€) type_cuisine  \
0     1     Chez Alice  123 Rue A           75001        20     Française
1     2   Bob's Diner  456 Rue B           75002        30     Italienne
2     3  Carol's Café  789 Rue C           75001        40     Française
3     4 Dave's Bistro  101 Rue D           75003        50     Mexicaine
4     5  Eve's Eatery  202 Rue E           75002        60     Italienne

  plats_typiques  type_resto                  www
0    Coq au vin   Brasserie   www.chezalice.fr
1         Pasta  Restaurant   www.bobsdiner.it
2     Croissant        Café   www.carolcafe.fr
3         Tacos      Bistro  www.davesbistro.mx
4         Pizza      Eatery   www.eveseatery.it

Données après filtrage par prix minimum :
   item Nom_restaurant     adresse  arrondissement  Prix (€) type_cuisine  \
0     1     Chez Alice  123 Rue A           75001        20     Française
1     2   Bob's Diner  456 Rue B           75002        30     Italienne
2     3  Carol's Café  789 Rue C           75001        40     Française
3     4 Dave's Bistro  101 Rue D           75003        50     Mexicaine
4     5  Eve's Eatery  202 Rue E           75002        60     Italienne

  plats_typiques  type_resto                  www
0    Coq au vin   Brasserie   www.chezalice.fr
1         Pasta  Restaurant   www.bobsdiner.it
2     Croissant        Café   www.carolcafe.fr
3         Tacos      Bistro  www.davesbistro.mx
4         Pizza      Eatery   www.eveseatery.it

Données après filtrage par prix maximum :
   item Nom_restaurant     adresse  arrondissement  Prix (€) type_cuisine  \
0     1     Chez Alice  123 Rue A           75001        20     Française
1     2   Bob's Diner  456 Rue B           75002        30     Italienne
2     3  Carol's Café  789 Rue C           75001        40     Française
3     4 Dave's Bistro  101 Rue D           75003        50     Mexicaine

  plats_typiques  type_resto                  www
0    Coq au vin   Brasserie   www.chezalice.fr
1         Pasta  Restaurant   www.bobsdiner.it
2     Croissant        Café   www.carolcafe.fr
3         Tacos      Bistro  www.davesbistro.mx

Données après filtrage par arrondissements :
   item Nom_restaurant     adresse arrondissement  Prix (€) type_cuisine  \
0     1     Chez Alice  123 Rue A          75001        20     Française
1     2   Bob's Diner  456 Rue B          75002        30     Italienne
2     3  Carol's Café  789 Rue C          75001        40     Française

  plats_typiques  type_resto                www
0    Coq au vin   Brasserie  www.chezalice.fr
1         Pasta  Restaurant  www.bobsdiner.it
2     Croissant        Café  www.carolcafe.fr

Groupes de données après division par type de cuisine :

Groupe: Française
   item Nom_restaurant     adresse arrondissement  Prix (€) type_cuisine  \
0     1     Chez Alice  123 Rue A          75001        20     Française
2     3  Carol's Café  789 Rue C          75001        40     Française

  plats_typiques type_resto               www
0    Coq au vin  Brasserie  www.chezalice.fr
2     Croissant       Café  www.carolcafe.fr

Groupe: Italienne
   item Nom_restaurant     adresse arrondissement  Prix (€) type_cuisine  \
1     2   Bob's Diner  456 Rue B          75002        30     Italienne

  plats_typiques  type_resto                www
1         Pasta  Restaurant  www.bobsdiner.it
```

Figura 4.7: Função de otimização - resultados.

4.7 -Conclusão

Em conclusão, este exemplo sublinha a importância das bases de dados relacionais na gestão de dados urbanos no âmbito de uma cidade inteligente. Ao detalhar um estudo de caso prático e fornecer programas Python para transformação de dados, os leitores obtêm informações valiosas sobre a aplicação de princípios de bases de dados relacionais a cenários do mundo real.

4.8 -Referências

1. Connolly, T. M., & Begg, C. E. (2014). *Sistemas de base de dados: A Practical Approach to Design, Implementation, and Management [Uma Abordagem Prática à Conceção, Implementação e Gestão]*. Pearson Education.

2. Elmasri, R., & Navathe, S. B. (2015). *Fundamentos de sistemas de banco de dados*. Pearson.

3. Date, C. J. (2004). *An Introduction to Database Systems*. Addison-Wesley.

4. Silberschatz, A., Korth, H. F., & Sudarshan, S. (2019). *Conceitos do sistema de banco de dados*. McGraw-Hill Education.

5. Kroenke, D. M., & Auer, D. J. (2012). *Conceitos de base de dados*. Pearson.

6. O'Neil, P., O'Neil, E., & Chen, X. (2009). *Base de dados: Principles, Programming, and Performance*. Morgan Kaufmann.

7. Monge, A., & Berrahal, A. (2020). *Cidades inteligentes: Big Data, Civic Hackers, and the Quest for a New Utopia*. Wiley.

8. Taubenböck, H., Kraff, N., & Sliuzas, R. (2018). *Mapeando a cidade espacial e socioeconômica: Abordagens inteligentes e relacionais para análise e planejamento urbano*. Springer.

9. Raza, M., & Laghari, A. A. (2019). *Base de dados relacional e sistemas de gestão: Concepts and Applications*. Academic Press.

10. Giffinger, R., Fertner, C., Kramar, H., & Meijers, E. (2007). *Cidades inteligentes: Ranking of European Medium-Sized Cities*. Centro de Ciência Regional (SRF), Universidade de Tecnologia de Viena.

Capítulo 5

Aplicações em tempo real e sistemas incorporados

Em informática, um sistema em tempo real é aquele que é capaz de controlar (ou gerir) um processo físico a uma velocidade adequada à evolução do processo controlado.

Os sistemas informáticos em tempo real distinguem-se dos outros sistemas informáticos pela consideração de restrições temporais, cujo cumprimento é tão importante como a exatidão dos resultados. Por outras palavras, o sistema não só deve fornecer resultados exactos, como também deve fornecê-los dentro dos prazos impostos (Figura 5.1).

Estes exemplos apresentam uma visão geral dos sistemas incorporados e de tempo real, centrando-se nos conceitos-chave, nas metodologias de conceção e nas competências necessárias para o desenvolvimento de aplicações de tempo real. O livro enfatiza a conceção de sistemas incorporados e a verificação da sua funcionalidade adequada em cidades inteligentes.

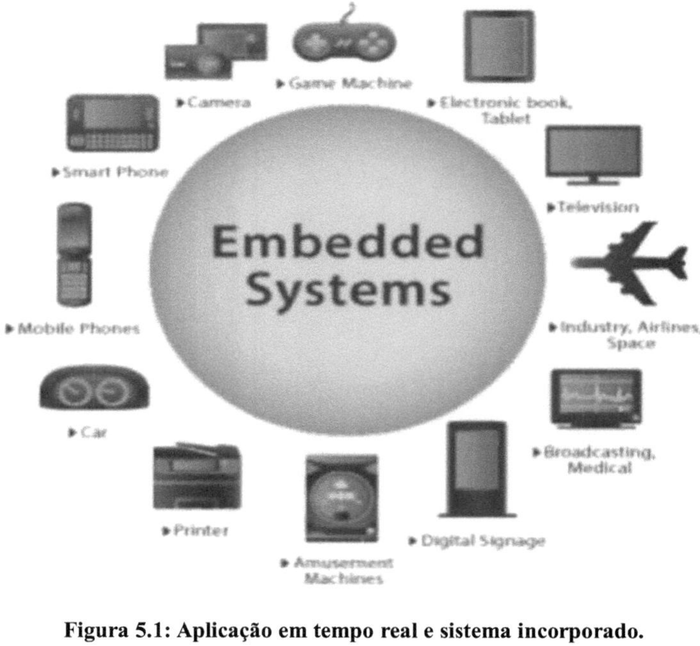

Figura 5.1: Aplicação em tempo real e sistema incorporado.

5.1 - Sistemas em tempo real e sistemas incorporados

5.1.1 Objectivos

- ✓ Dominar os conceitos de sistemas operativos em tempo real (RTOS) para sistemas incorporados.
- ✓ Conceber e implementar aplicações em tempo real.
- ✓ Compreender a noção de tempo real.
- ✓ Adquirir as competências necessárias para a conceção de sistemas incorporados em tempo real.
- ✓ Compreender quatro tipos de algoritmos de programação: Rate-Monotonic (RM), Deadline-Monotonic (DM), Earliest Deadline First (EDF) e Least Laxity First (LFF).
- ✓ Adquirir a capacidade de programar threads em C++.

5.1.2 Competências:

- ✓ Domínio de métodos e ferramentas de engenharia relacionados com um domínio científico e técnico de especialização aeroespacial (saber e saber-fazer):
- ✓ Identificar os limites de um problema, mesmo que não seja familiar e não esteja totalmente definido, para a sua resolução.
- ✓ Utilizar ferramentas informáticas (CAD, simulação numérica e computação) habitualmente utilizadas num domínio científico e técnico de especialização aeroespacial.
- ✓ Analisar e modelar um sistema complexo relacionado com uma especialidade aeroespacial.
- ✓ Verificar o dimensionamento correto de um componente num sistema distribuído complexo.

5.1.3 Aplicações em cidades inteligentes

Os sistemas operativos em tempo real são essenciais para a gestão de sistemas incorporados em cidades inteligentes, onde as respostas atempadas e previsíveis são cruciais. Estes sistemas garantem que as tarefas são executadas dentro de limites de tempo específicos, tornando-os ideais para aplicações como:

- ✓ **Gestão do tráfego**: Implementação do RTOS para controlar os sinais de trânsito e gerir o congestionamento, garantindo a fluidez do tráfego.
- ✓ **Segurança pública**: Coordenar os sistemas de resposta a emergências para reagir prontamente a incidentes, reforçando a segurança pública.
- ✓ **Gestão da energia**: Equilibrar a distribuição de energia para otimizar a utilização e reduzir o desperdício, assegurando uma gestão eficiente da energia.

5.1.4 Estudos de casos e actividades práticas

Neste tópico, serão apresentadas aplicações baseadas em RTOS, sendo efectuados testes para garantir que cumprem as especificações exigidas, permitindo assim a aquisição de conhecimentos e competências para desenvolver e gerir sistemas embebidos em tempo real, contribuindo para o avanço das cidades inteligentes.

5.2 - Algoritmos de programação

Os algoritmos de escalonamento são utilizados em sistemas de tempo real para decidir a ordem em que as tarefas devem ser executadas. Cada algoritmo tem suas próprias regras de escalonamento que determinam como as tarefas são alocadas aos recursos do sistema. Segue-se uma explicação e um exemplo de cada algoritmo:

Este tópico apresentará vários algoritmos de agendamento utilizados em sistemas incorporados e de tempo real. Serão discutidos os princípios fundamentais do agendamento e a importância da gestão de tarefas em tempo real.

5.2.1 Taxa - Monotónica (RM)

- O algoritmo Rate- Monotonic (RM) é um algoritmo de agendamento estático em que as tarefas são agendadas com base no seu período. Quanto mais curto for o período de uma tarefa, maior é a sua prioridade.
- No algoritmo RM, cada tarefa tem um período fixo e pré-determinado. As tarefas com períodos mais curtos são executadas com prioridade em relação às tarefas com períodos mais longos.
- Exemplo: Suponhamos que temos duas tarefas, a tarefa A com um período de 5ms e a tarefa B com um período de 10ms. No algoritmo RM, a tarefa A será executada com prioridade em relação à tarefa B porque tem um período mais curto.

5.2.2 Prazo - Monotónico (DM)

- O algoritmo monotónico (DM) é semelhante ao RM, mas a prioridade das tarefas é baseada no seu prazo e não no seu período. As tarefas com prazos mais curtos têm prioridade sobre as tarefas com prazos mais longos.
- prazo pré-determinado. As tarefas devem ser concluídas antes da data limite.
- Exemplo: Suponhamos que temos duas tarefas, a tarefa A com um prazo de 10ms e a tarefa B com um prazo de 15ms. No algoritmo DM, a tarefa A será executada com prioridade sobre a tarefa B porque tem um prazo mais curto.

5.2.3 Prazo mais curto primeiro (EDF)

- O algoritmo EDF (Earliest Deadline First) é um algoritmo dinâmico em que as tarefas são agendadas com base no seu prazo relativo. A tarefa com o prazo mais curto é executada em primeiro lugar.
- Em cada momento, o sistema seleciona a tarefa com o prazo mais curto para execução.
- Exemplo: Suponha que temos duas tarefas, a Tarefa A com um prazo de 10ms e a Tarefa B com um prazo de 15ms. Se a tarefa A chegar antes da tarefa B, então a tarefa A será executada com prioridade, mesmo que a tarefa B tenha um prazo mais curto.

5.2.4 Menos frouxidão primeiro (LLF)

- O algoritmo Laxity First (LLF) baseia-se no laxismo das tarefas, em que o laxismo é definido como o tempo que falta para o vencimento de uma tarefa.
- O sistema escolhe a tarefa com a menor laxidade para execução prioritária.
- Exemplo: Suponha que temos duas tarefas, a tarefa A com um prazo de 10ms e 5ms restantes antes do prazo, e a tarefa B com um prazo de 15ms e 8ms restantes antes do prazo. No algoritmo LLF, a tarefa A será executada com prioridade porque tem menor laxidade que a tarefa B.

5.3 - Algoritmo EDF (Earliest deadline first)

O algoritmo "Earliest deadline first" (EDF) pertence à categoria dos algoritmos de programação dinâmica. Pode ser utilizado em sistemas operativos em tempo real para agendar tarefas e processos com prazos específicos. É um algoritmo baseado em prioridades em que atribuímos a prioridade mais elevada às tarefas com o prazo mais curto. Além disso, a CPU executa as tarefas agendadas com base na prioridade.

O algoritmo EDF prioriza as tarefas com base em seus prazos mais próximos. Neste tópico, analisaremos as vantagens e desvantagens deste algoritmo em diferentes cenários.

A ideia subjacente ao algoritmo de programação EDF é minimizar a probabilidade de falhar um prazo. Portanto, o algoritmo atribui uma prioridade a cada tarefa com base no seu prazo e escolhe a tarefa com o prazo mais curto para ser executada. Além disso, se várias tarefas tiverem o mesmo prazo, a CPU executa a tarefa com a prioridade mais alta.

O EDF é um algoritmo ideal para programar um conjunto de tarefas periódicas com prazos e tempos de execução conhecidos, desde que a utilização total das tarefas não exceda a unidade. Por conseguinte, o tempo total de execução de todas as tarefas deve ser inferior ao tempo total disponível.

Este algoritmo é amplamente utilizado em várias aplicações em tempo real, tais como sistemas distribuídos, de rede, incorporados, multimédia e de controlo em tempo real.

Neste tópico, discutimos um algoritmo de escalonamento de CPU baseado em prioridades: o prazo mais próximo primeiro. Explicamos os passos deste algoritmo com um exemplo e, finalmente, apresentamos as principais vantagens e desvantagens deste algoritmo.

5.3.1 Processo de trabalho

Vamos agora discutir como funciona o algoritmo de agendamento do primeiro prazo. A Figura 5.2 mostra o fluxograma do algoritmo EDF.

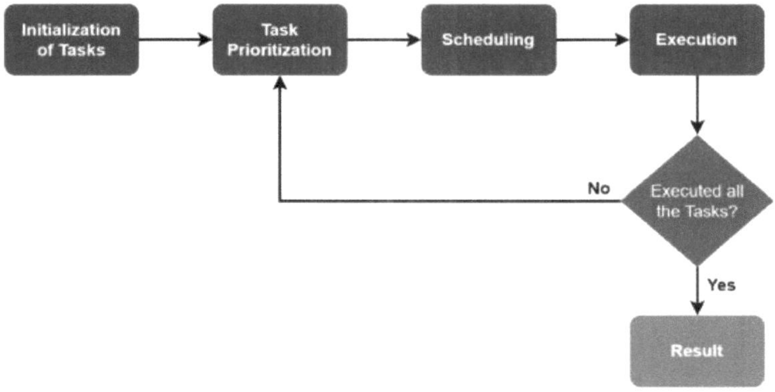

Figura 5.2: Fluxograma do algoritmo EDF.

O algoritmo de escalonamento EDF consiste em quatro etapas: inicialização, priorização de tarefas, escalonamento de tarefas e execução de tarefas.

O primeiro passo é inicializar as tarefas disponíveis. Além disso, juntamente com a inicialização, atribuímos a cada tarefa um prazo com base nos requisitos de conclusão. O passo seguinte é atribuir prioridade a cada tarefa. O sistema ordena as tarefas por ordem dos seus prazos, atribuindo a prioridade mais elevada à tarefa com o prazo mais curto.

Além disso, o sistema seleciona a tarefa com o prazo mais curto para execução. Se várias tarefas tiverem o mesmo prazo, seleccionamos a tarefa com a prioridade mais elevada.

Por fim, a CPU executa a tarefa selecionada até estar concluída ou o prazo ser atingido. Se a tarefa for concluída antes do prazo, o sistema volta à etapa de priorização de tarefas para selecionar a tarefa seguinte para execução. Se o prazo for atingido, considera-se que a tarefa não foi executada.

Agora, antes de o algoritmo terminar, precisamos de verificar duas condições. Primeiro, temos de verificar se todas as tarefas foram executadas. Além disso, verificamos se todos os prazos não foram cumpridos. Se uma destas condições for cumprida, é necessário voltar ao passo de priorização de tarefas e repetir os passos até o algoritmo terminar.

O EDF é um algoritmo de programação dinâmico em que a prioridade das tarefas pode mudar ao longo do tempo, à medida que os prazos se aproximam. Assim, o algoritmo actualiza continuamente a prioridade das tarefas com base nos seus prazos e seleciona a tarefa com o prazo mais curto para execução. Além disso, isto ajuda a garantir que os prazos são cumpridos e que as tarefas são concluídas atempadamente.

5.3.2 Exemplo do algoritmo "Earliest deadline first" (EDF)

Agora conhecemos as etapas envolvidas no algoritmo EDF. Vamos dar um exemplo para demonstrar o algoritmo. Vamos pegar em três processos para o nosso exemplo: P1, P2 e P3. Além disso, atribuímos uma capacidade, um prazo e um período para cada processo (Figura 5.3).

Processo	Capacidade	Prazo de entrega	Período
P1	3	7	20
P2	2	4	5
P3	2	8	10

Figura 5.3: FED - Exemplo de três processos.

Aqui, o processo P1 tem um prazo de 7 unidades de tempo. Portanto, antes de atingir o prazo, deve executar 3 unidades de tempo num período de 20 unidades de tempo. Além disso, podemos encontrar informações semelhantes para os processos P2 e P3 na tabela. Agora a tarefa é programar os processos considerando a capacidade, o prazo e o período (Figura 5.4).

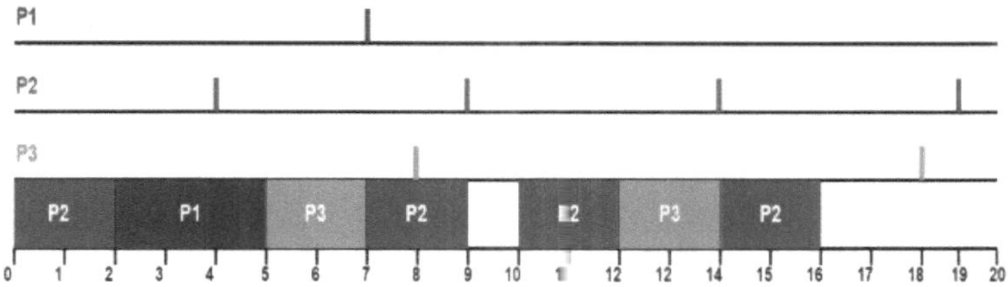

Figura 5.4: Exemplo de três processos - algoritmo EDF.

Cada linha tem um marcador, que indica a hora limite de cada processo. Inicialmente, todos os processos estão disponíveis. Temos de escolher o processo com o prazo mais cedo em comparação com os outros. Aqui, podemos ver na tabela que o processo P2 tem o prazo mais cedo. Além disso, como indicado na tabela, a capacidade de P2 é 2. Assim, atribuímos as primeiras duas unidades de tempo ao processo P2.

Agora há dois processos disponíveis: P1 e P3. Com base no prazo, atribuímos o processo P1 que tem uma capacidade de 3 unidades. Finalmente, atribuímos o processo P3.

Agora, neste ponto, só precisamos de considerar os processos P2 e P3. Já satisfazemos o requisito de alocação para o processo P1. Entre os processos P2 e P3, alocamos P2 com base na comparação de prazos. Agora, se olharmos para o diagrama, precisamos alocar P2 antes do prazo. Por isso, atribuímos P2 seguido de P3. Por fim, atribuímos P2 novamente para completar o agendamento.

5.3.2.1 Vantagens

O EDF é um algoritmo de programação que tem várias vantagens em relação a outros algoritmos de programação. Algumas das principais vantagens deste algoritmo são a garantia de "agendamento", a utilização eficiente e o comportamento dinâmico.

O EDF é um algoritmo de programação determinístico que garante a "capacidade de programação" dos sistemas de tempo real. Assim, se o sistema tiver capacidade de processamento suficiente, cumpre os prazos de todas as tarefas. Por conseguinte, é um algoritmo de programação adequado para aplicações em tempo real em que os prazos são rigorosamente respeitados.

Outra vantagem crucial do EDF é o facto de ter a utilização mais elevada de todos os algoritmos de programação de prioridades fixas. Por conseguinte, é um algoritmo de programação eficiente para sistemas que exigem uma elevada utilização da capacidade de processamento.

Por último, o EDF é um algoritmo de programação dinâmico. Por conseguinte, ajusta a programação das tarefas com base na evolução das necessidades do sistema. Isto torna o EDF adequado para aplicações em tempo real em que os requisitos das tarefas podem mudar ao longo do tempo.

5.3.2.2 Desvantagens

Para além de várias vantagens, o EDF tem algumas desvantagens que devem ser consideradas na escolha de um algoritmo de programação. Algumas das principais desvantagens do EDF são a inversão de prioridades, a sobrecarga, o comportamento imprevisto e a complexidade.

O algoritmo EDF sofre de inversão de prioridades. Neste caso, uma tarefa de menor prioridade pode bloquear a execução de uma tarefa de maior prioridade, levando a uma violação dos prazos. Além disso, pode causar sobrecarga. A sobrecarga ocorre quando a capacidade de processamento do sistema é insuficiente para satisfazer as exigências das tarefas. O resultado da sobrecarga é a degradação do desempenho do sistema.

Outro problema com este algoritmo é o seu comportamento imprevisível. O EDF pode levar a um comportamento imprevisível se não definirmos corretamente os prazos. Finalmente, o EDF pode ser complexo de analisar e projetar, especialmente para sistemas de tempo real grandes e complexos.

5.4- Algoritmo de escalonamento Least Laxity First (LLF)

Este tópico apresenta o algoritmo de escalonamento Least Laxity First (LLF) que prioriza as tarefas com base em sua laxidade (o tempo restante até o deadline menos o tempo de execução). Também discute algumas situações em que esse algoritmo pode ser mais eficiente que o EDF. O LLF é um algoritmo de escalonamento de prioridades dinâmicas ao nível do trabalho, utilizado em sistemas de tempo real para determinar a ordem de execução de tarefas ou trabalhos.

O principal objetivo do algoritmo LLF é minimizar a folga (a quantidade de tempo que uma tarefa pode ser atrasada sem falhar o prazo) de cada tarefa. Isto significa que cada instante é um evento de agendamento porque a folga de cada tarefa muda a cada instante de tempo. Uma tarefa que tenha menos folga num determinado momento terá maior prioridade do que outras nesse momento e será agendada para ser executada a seguir.

Este algoritmo revela-se ideal porque se um conjunto de tarefas passar no teste de utilização, então será certamente escalável por LLF.

A principal vantagem do algoritmo LLF é que ele possui algum conhecimento prévio sobre qual tarefa irá perder o prazo, e dentre suas desvantagens, temos sua enorme demanda computacional, pois a cada instante de tempo um evento deve ser agendado, e pode apresentar baixo desempenho quando mais de uma tarefa apresenta menor folga.

5.4.1 Exemplo de implementação do LLF: Passos básicos

Seguem-se os passos básicos do algoritmo de programação Least Laxity First (LLF):

1. **Inicializar a laxidade:** Calcular a laxidade inicial para cada tarefa. A laxidade é definida como a diferença entre o prazo absoluto e o tempo de execução restante.

$$\mathbf{L_i = D_i - C_i} \tag{5.1}$$

2. **Encontrar a tarefa com a menor laxidade:** Identificar a tarefa com o menor valor de laxidade. Esta tarefa tem a prioridade mais elevada porque está mais próxima de não cumprir o seu prazo.

3. **Executar a tarefa selecionada:** Agendar e executar a tarefa com o mínimo de folga. Actualize o tempo de execução restante para esta tarefa. (5.1)

4. **Atualizar a laxidade para outras tarefas:** Recalcular a laxidade para todas as outras tarefas no sistema com base no tempo decorrido e no tempo de execução restante.

5. **Repetir:** Continuar este processo, selecionando e executando as tarefas com menos laxismo até que todas as tarefas tenham sido concluídas.

Mais formalmente, a prioridade de uma tarefa é inversamente proporcional ao seu laxismo em tempo de execução. A laxidade de uma tarefa é definida como a sua urgência de execução. Matematicamente, é descrita como

$$\mathbf{L_i = D_i - (t_i + C_i^R)}$$

(5.2)

Di é o prazo de uma tarefa, **Ci** é o pior tempo de execução (*WCET*) e **Li** é a laxidade de uma tarefa. Isto significa que a laxidade é o tempo que resta depois de completar o ***WCET*** antes de chegar o prazo. Para determinar a laxidade de uma tarefa em tempo de execução, o instante de tempo atual também é incluído na fórmula acima.

Aqui é o instante de tempo atual e é o ***WCET*** restante da tarefa. Utilizando a equação acima, a laxidade de cada tarefa é calculada em cada instante de tempo, sendo depois atribuída a prioridade. Um aspeto importante a ter em conta é que a laxidade de uma tarefa em execução não se altera, mantém-se inalterada, ao passo que a laxidade de todas as outras tarefas é reduzida em um por cada unidade de tempo.

5.4.2 Exemplo do algoritmo de programação Least Laxity First (LFF)

A tabela mostra um exemplo de conjunto de tarefas e os valores correspondentes para o tempo de libertação (ri), tempo de execução (**Ci**), prazo (**Di**) e período (**Ti**) para cada tarefa. Segue-se uma descrição de cada coluna da tabela (Figura 5.5)

- **Tarefa:** Esta coluna representa o nome ou identificador de cada tarefa no conjunto de tarefas. No exemplo dado, as tarefas são rotuladas como **T1**, **T2** e **T3**.
- **Tempo de libertação (ri):** Esta coluna indica o momento em que cada tarefa fica disponível ou pronta para ser executada. O tempo de libertação pode ser considerado como o ponto de partida para a execução de cada tarefa. No exemplo, todas as tarefas são libertadas no momento t=0.
- **Tempo de execução (Ci):** Esta coluna especifica a quantidade de tempo necessária para completar a execução de cada tarefa. Representa o pior caso de tempo de execução (WCET) para as tarefas. Por exemplo, a tarefa T1 necessita de 2 unidades de tempo para completar a sua execução.
- **Prazo (Di):** Esta coluna representa o prazo absoluto até ao qual cada tarefa deve concluir a sua execução. O prazo indica o tempo máximo permitido entre a libertação da tarefa e a sua conclusão. No exemplo, a tarefa T1 tem um prazo de 6 unidades de tempo.
- **Período (Ti):** Esta coluna indica o intervalo de tempo entre lançamentos consecutivos de cada tarefa periódica. As tarefas periódicas são tarefas que se repetem em intervalos

regulares. No exemplo, todas as tarefas têm o mesmo período, com um valor de 6, 8 e 10 unidades de tempo para as tarefas **T1, T2** e **T3**, respetivamente.

Task	Release time(ri)	Execution Time(Ci)	Deadline (Di)	Period(Ti)
T1	0	2	6	6
T2	0	2	8	8
T3	0	3	10	10

Figura 5.5: Exemplo de trifásico - três processos.

Ao considerar estes valores, o algoritmo de escalonamento LLF pode determinar a ordem de execução das tarefas com base na sua laxidade (a quantidade de tempo que uma tarefa pode ser atrasada sem falhar o seu prazo). As tarefas com a menor laxidade têm prioridade e são agendadas para serem executadas a seguir (Figura 5.6).

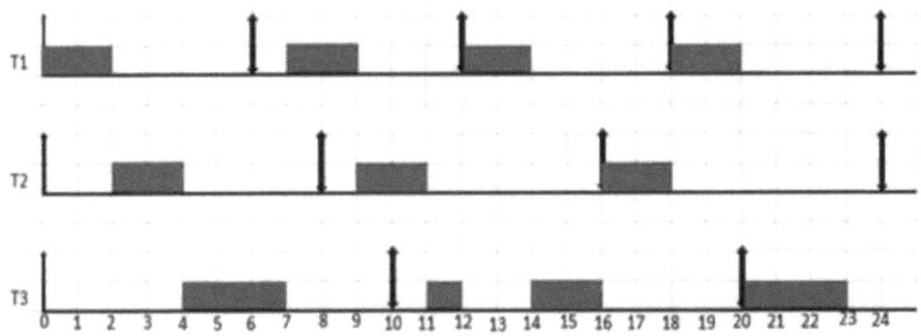

Figura 5.6: Exemplo de três processos - algoritmo LLF.

5.4.3 Explicação

1. Em t=0, as laxidades de cada tarefa são calculadas utilizando a equação 5.2 como

$$\mathbf{L_i = D_i - (t_i + C_i^R)}$$

L1 = 6 - (0+2) = 4
L2 = 8 - (0+2) = 6
L3 = 10 - (0+3) = 7

Como a tarefa **T1** tem menos laxismo, será executada com maior prioridade.

Da mesma forma, em **t=1** a sua prioridade é calculada como 4 e **T2** tem 5 e **T3** tem 6, pelo que, mais uma vez, devido ao menor laxismo, **T1** continua a executar.

2. **Em t=2, T1 está fora do sistema, pelo que agora comparamos as laxidades de T2 e T3 da seguinte forma**

L2= 8 - (2+2) = 4
L3= 10 - (2+3) = 5

É evidente que **T2** inicia a execução devido a uma menor laxidez do que **T3**.

Em **t=3**, **T2** tem laxidade 4 e **T3** também tem laxidade 4, pelo que os empates são desfeitos aleatoriamente e continuamos a executar **T2**.

Em **t=4**, não resta nenhuma tarefa no sistema exceto **T3**, pelo que esta é executada até t=6.

Em t=6, **T1** entra no sistema, pelo que as laxidades são novamente calculadas
L1 = 6 - (0+2) = 4
L3= 10 - (6+1) = 3

Assim, **o T3** continua a sua execução.

3. **Em t=8, T2 entra no sistema e T1 está a executar a tarefa. Assim, neste instante são calculadas as laxidades.**

L1 = 12 - (8+1) = 3
L2 = 16 - (8+2) = 6

Assim, **T1** termina a sua execução. Depois disso, **T2** começa a correr e:

Em **t=10**, devido à comparação de laxismo**, T2** tem maior prioridade do que T3, pelo que termina a sua execução.

L2 = 16 - (10+1) = 5
L3 = 20 - (10+3) = 7

t=11, apenas T3 no sistema, pelo que inicia a sua execução.

4. **Em t=12, T1 entra no sistema e devido à comparação de laxidez**:

Em **t=12, T1** ganha a prioridade e inicia a sua execução preterindo **T3**. **T1** completa a sua execução e depois disso:

Em t=14, devido à tarefa isolada, T3 começa a executar a sua parte restante.

Assim, este conjunto de tarefas é executado com o algoritmo LLF.

5.5 - Algoritmo de escalonamento Enhanced Least Laxity First (ELFF)

O algoritmo de escalonamento Enhanced Least Laxity First (ELFF) é uma versão melhorada do algoritmo LLF. Este tópico analisa as melhorias introduzidas pelo ELFF e o seu impacto no desempenho dos sistemas de tempo real.

O LLF é bom para evitar a sobrecarga transitória e o efeito dominó que ocorre no EDF. Mas também tem um defeito, que é o "thrashing". Quando mais do que uma tarefa tem menos laxismo, ocorre o fenómeno de Thrashing. O thrashing é o comportamento de preempção das tarefas umas pelas outras em cada time tick. Este tipo de preempção resulta numa mudança de contexto em cada instante de tempo. Esta mudança de contexto resulta num maior consumo de energia computacional, uma vez que a mudança de uma tarefa para outra resulta na gravação e no carregamento de registos, no mapeamento da memória e na atualização de muitas tabelas e listas. Por conseguinte, resulta também numa perda de tempo de computação.

Para ultrapassar este problema, é introduzida uma versão melhorada do LLF, o algoritmo de programação "Enhanced least laxity first" (ELLF). No ELLF, sempre que mais do que uma tarefa tem menor laxidade, todas elas são agrupadas e o EDF é aplicado dentro do grupo, enquanto que, tomando este grupo como uma única tarefa, o LLF é aplicado a este grupo e às outras tarefas restantes no conjunto de tarefas.

5.5.1 Exemplo do algoritmo de programação Least Laxity First (LFF) com thrashing

Este tópico apresenta um exemplo prático de escalonamento em tempo real, ilustrando a aplicação de diferentes algoritmos estudados em cenários concretos, comparando o desempenho e os resultados obtidos com cada algoritmo.

A tabela mostra um exemplo de conjunto de tarefas e os valores correspondentes para o tempo de liberação (ri), tempo de execução (**Ci**), prazo (**Di**) e período (**Ti**) para cada tarefa. Segue-se uma descrição de cada coluna da tabela (Figura 5.7)

Task	Release time(ri)	Execution Time(Ci)	Deadline (Di)	Period(Ti)
T1	0	3	12	7
T2	0	4	13	10
T3	0	5	14	12

Ao considerar estes valores, o algoritmo de escalonamento LLF pode determinar a ordem de execução das tarefas com base na sua laxidade (a quantidade de tempo que uma tarefa pode ser atrasada sem falhar o seu prazo). As tarefas com a menor laxidade têm prioridade e são agendadas para serem executadas a seguir (Figura 5.7).

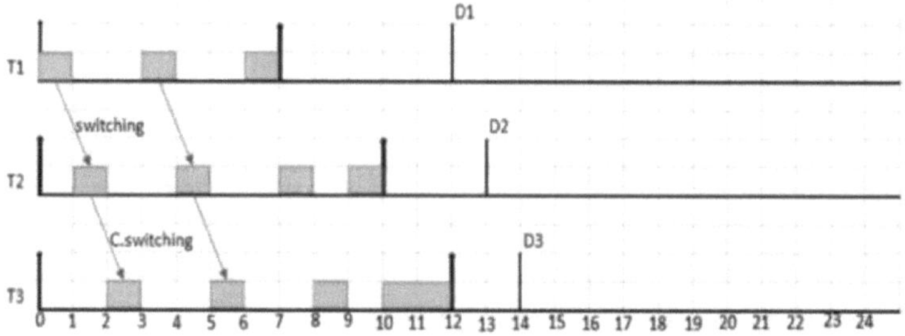

Figura 5.7: Exemplo de três processos - algoritmo LLF com thrashing.

Assim, para ultrapassar esta mudança de contexto devido ao thrashing, utilizamos o ELLF no mesmo exemplo, agrupando as tarefas que têm a mesma laxidade mínima e, em seguida, aplicamos o EDF para evitar a mudança de contexto (Figura 5.8).

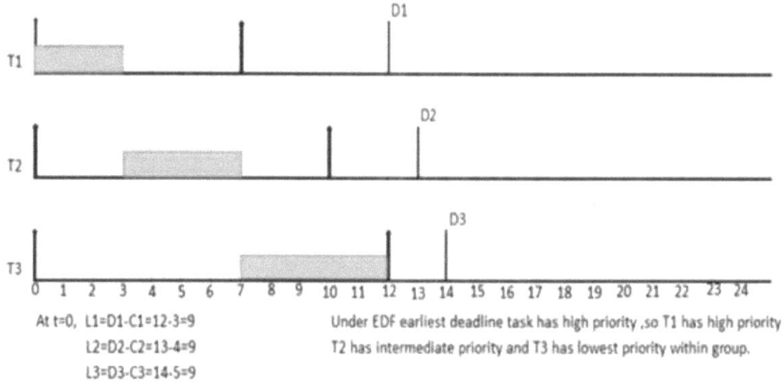

Figura 5.8: Exemplo de três processos - algoritmo LLF com thrashing.

5.5.2 Conclusão

O algoritmo de escalonamento Least Laxity First (LLF) é um algoritmo de escalonamento dinâmico de prioridades utilizado em sistemas de tempo real. O seu principal objetivo é minimizar a laxidade de cada tarefa, que representa a quantidade de tempo que uma tarefa pode ser atrasada sem falhar o seu prazo. Ao atribuir a prioridade com base na laxidade da tarefa, o LLF garante que as tarefas com a menor laxidade recebem maior prioridade e são agendadas para serem executadas a seguir.

O LLF é considerado um algoritmo ótimo, uma vez que garante "escalonabilidade" para conjuntos de tarefas que passam no teste de utilização. No entanto, o LLF pode sofrer de "thrashing" quando várias tarefas têm a mesma menor laxidade, resultando em frequentes mudanças de contexto. Para resolver este problema, pode ser utilizada uma versão melhorada denominada algoritmo de escalonamento Enhanced Least Laxity First (ELLF), que agrupa tarefas com a mesma menor laxidade e aplica o escalonamento Earliest Deadline First (EDF) dentro do grupo. Globalmente, o LLF e a sua versão melhorada, ELLF, fornecem soluções de escalonamento eficazes para sistemas de tempo real.

5.6 - Algoritmos de programação em tempo real - Exemplo de planificação

As diferentes aplicações de uma cidade inteligente podem ser consideradas como sistemas em tempo real. O exemplo seguinte visa compreender a noção de utilização do planeamento e dos seus diferentes algoritmos para sistemas em tempo real.

Neste exemplo, os quatro algoritmos de planeamento apresentados anteriormente (RM, DM, EDF e LLF) serão implementados para utilização no planeamento de tarefas. Tanto o Rate Monotonic como o Deadline Monotonic funcionarão com prioridade estática, enquanto o Earliest Deadline First e o Least Laxity First funcionarão com prioridade dinâmica. As informações deste exemplo estão resumidas na tabela apresentada na Figura 5.9.

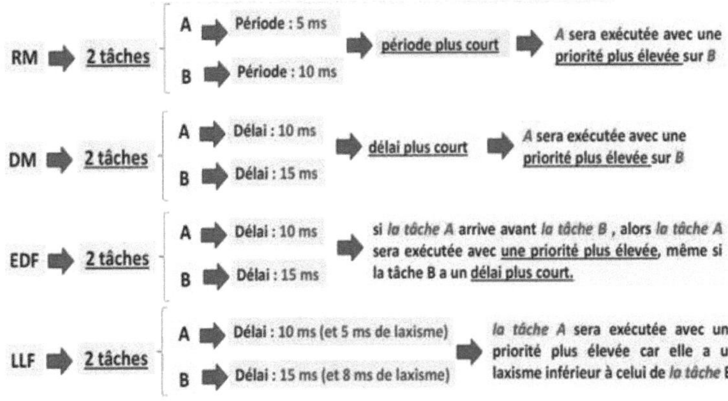

Figura 5.9: Algoritmo de programação - Exemplo.

5.1.1 Parte 1: Programação monotónica da taxa - algoritmo RM

Neste exemplo, será implementado o algoritmo de planeamento, o algoritmo Rate-Monotonic (RM). Este algoritmo baseia-se no período de cada tarefa, em que o período mais pequeno tem a prioridade mais elevada (Figura 5.10).

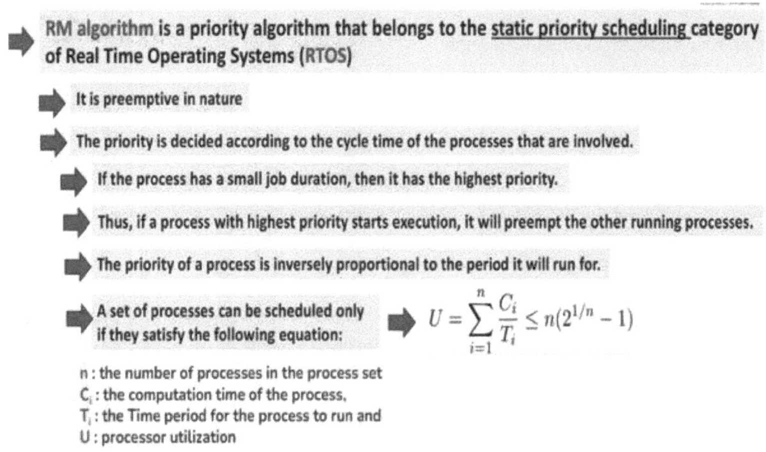

Figura 5.10: Algoritmo de programação monotónica da taxa - Exemplo.

É necessário programar o algoritmo Taxa Monotónica utilizando programação em C ou C++. Primeiro, é necessário perguntar ao utilizador quantas tarefas são necessárias para serem agendadas; Depois, perguntar ao utilizador a hora de chegada, o período, o prazo e a capacidade de cada tarefa; Calcular se as tarefas podem ser agendadas; Finalmente, se as tarefas podem ser agendadas:

- Calcular o ciclo de programação.
- Visualizar o programa obtido para o ciclo.

- **Implementação:**

Entradas: O número de tarefas e, em seguida, para cada uma delas, seu tempo de chegada, período, prazo e capacidade. Os resultados e o planeamento obtidos com o planeamento do algoritmo de escalonamento RM são apresentados na Figura 5.11.

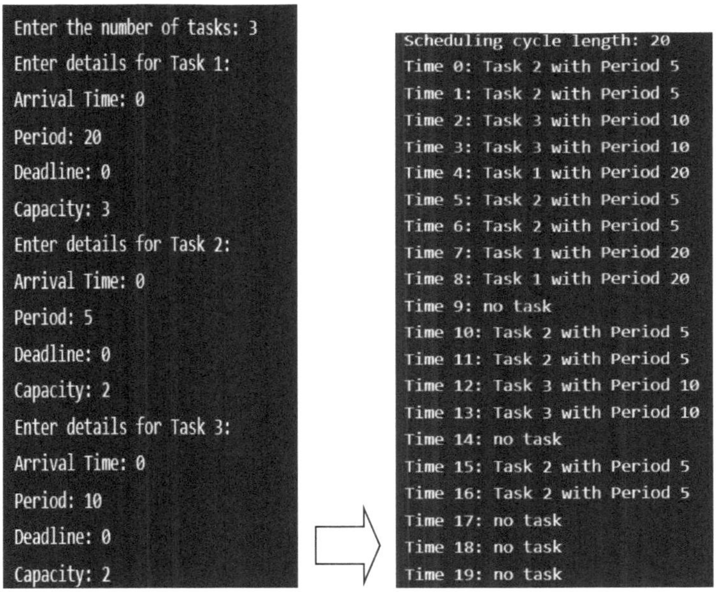

Figura 5.11: Algoritmo de programação monotónica da taxa - Resultados da planificação.

5.1.2 Parte 2: Programação monotónica de prazos - algoritmo DM

Esta abordagem também se baseia no prazo de cada tarefa. No entanto, desta vez, consideramos os prazos absolutos dados por:

***Deadline_absolute* = *Deadline_relative* + *Arrival_time*)** (5.3)

- **Implementação:**

Entradas: O número de tarefas, e depois para cada uma delas o seu tempo de chegada, período, prazo e capacidade. Os resultados e o planeamento obtidos com o planeamento do algoritmo de escalonamento DM são apresentados na Figura 5.12.

```
Enter the number of tasks: 3
Enter details for Task 1:
Arrival Time: 0
Period: 20
Deadline: 7
Capacity: 3
Enter details for Task 2:
Arrival Time: 0
Period: 5
Deadline: 4
Capacity: 2
Enter details for Task 3:
Arrival Time: 0
Period: 10
Deadline: 9
Capacity: 2
```

```
The set of tasks is schedulable with DM Scheduling.
Scheduling cycle length: 20
Time 0: Task 2 with Deadline 4
Time 1: Task 2 with Deadline 4
Time 2: Task 1 with Deadline 7
Time 3: Task 1 with Deadline 7
Time 4: Task 1 with Deadline 7
Time 5: Task 2 with Deadline 4
Time 6: Task 2 with Deadline 4
Time 7: Task 3 with Deadline 9
Time 8: Task 3 with Deadline 9
Time 9: no task
Time 10: Task 2 with Deadline 4
Time 11: Task 2 with Deadline 4
Time 12: Task 3 with Deadline 9
Time 13: Task 3 with Deadline 9
Time 14: no task
Time 15: Task 2 with Deadline 4
Time 16: Task 2 with Deadline 4
Time 17: no task
Time 18: no task
Time 19: no task
```

Figura 5.12: Algoritmo de programação monotónica de prazos - Resultados da planificação.

5.1.3 Parte 3: Programação do primeiro prazo mais cedo - algoritmo EDF

Esta abordagem também se baseia no prazo de cada tarefa. Quanto mais cedo o prazo chegar, maior é a prioridade. Temos em conta os prazos dos familiares (Figura 5.13).

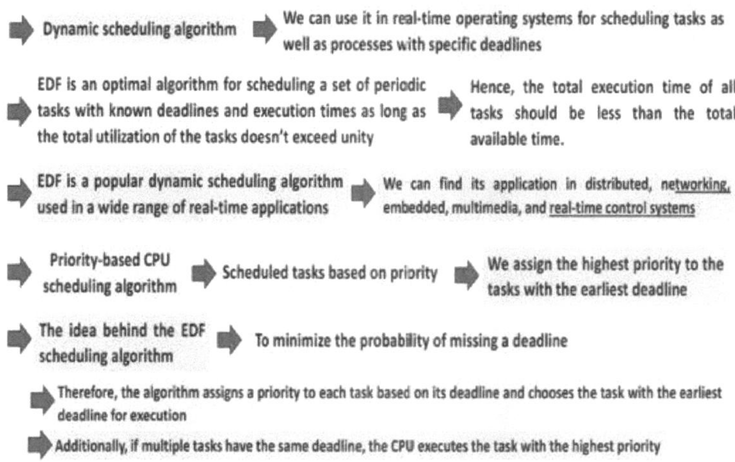

Figura 5.13: Algoritmo de programação "Earliest Deadline First".

- **Implementação:**

Entradas: O número de tarefas, e depois para cada uma delas o seu tempo de chegada, período, deadline e capacidade. Os resultados e o planeamento obtidos com o planeamento do algoritmo de programação EDF são apresentados na Figura 5.14.

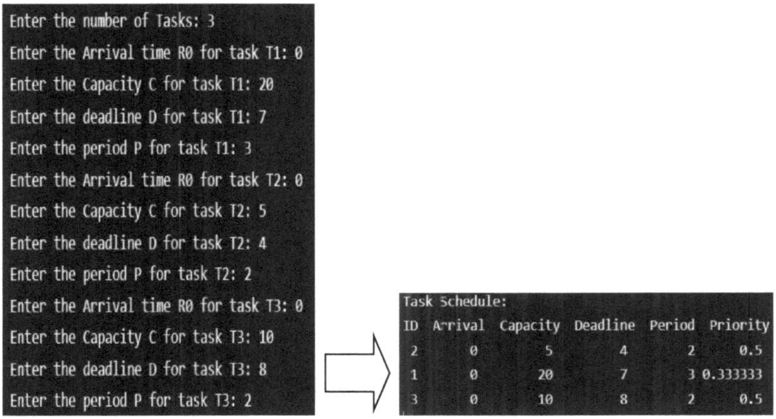

Figura 5.14: Algoritmo de programação "Earliest Deadline First" - Resultados da planificação.

5.1.4 Parte 4: Programação Least Laxity First - algoritmo LLF

Esta abordagem (Figuras 5.15 e 5.16) inclui um novo parâmetro: **o laxismo**, que é definido como a diferença entre o prazo absoluto e o tempo de execução restante, por exemplo:

$$Li = Di - Ci. \quad (5.4)$$

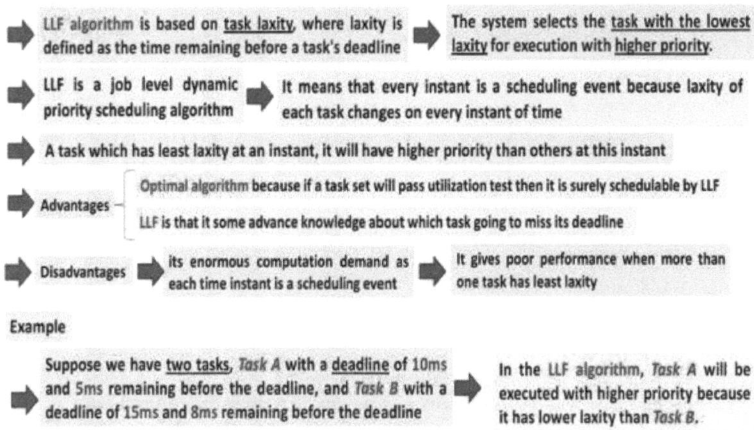

Figura 5.15: Conceito de programação Least Laxity First.

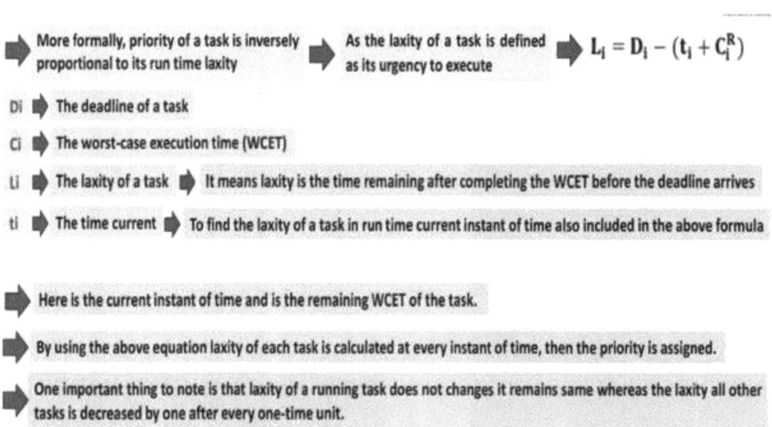

Figura 5.16: Algoritmo de escalonamento Least Laxity First.

- **Implementação:**

Entradas: O número de tarefas, e depois para cada uma delas o seu tempo de chegada, período, deadline e capacidade. Os resultados e o planeamento obtidos com o planeamento do algoritmo de escalonamento LLF são apresentados na Figura 5.17.

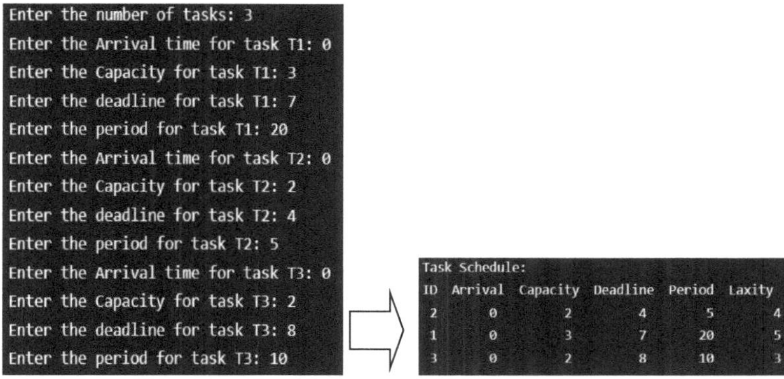

Figura 5.17: Algoritmo de programação Least Laxity First - Resultados da planificação.

5.7 - Conclusão

Através dos exemplos apresentados, podemos ver que a noção de planeamento e os diferentes algoritmos estão associados. Podemos ver que não existe apenas uma opção para planear várias tarefas em tempo real, e que a escolha de um algoritmo específico seria feita de acordo com os parâmetros das nossas entradas e a precisão e forma das nossas saídas.

O algoritmo **Rate Monotonic (RM)** é excelente no tratamento de tarefas periódicas com intervalos fixos. Utilizando a previsibilidade dos períodos de tarefas, o RM garante a conclusão pontual de tarefas cruciais, optimizando a utilização de recursos.

O algoritmo **Delay Monotonic (DM)** dá prioridade às tarefas com base nos seus prazos, garantindo que as tarefas críticas com prazos mais curtos são concluídas a tempo, melhorando assim a capacidade de resposta e a flexibilidade do sistema.

O algoritmo **Earliest Deadline First (EDF)** programa dinamicamente as tarefas de acordo com os seus prazos absolutos, com o objetivo de maximizar o número de tarefas que cumprem os seus prazos. No entanto, esta abordagem pode implicar maiores despesas de programação e potenciais preempções de tarefas.

O algoritmo **Least Laxity First (LLF)** dá prioridade às tarefas com base na sua laxidade, que é a diferença entre o prazo e o tempo de execução restante. Ao selecionar tarefas com a menor laxidade, o LLF minimiza potenciais violações de prazos e melhora a utilização do sistema.

Ao implementar e analisar estes algoritmos de programação, não só aprofundámos a nossa compreensão dos sistemas em tempo real, como também aperfeiçoámos competências práticas na conceção e otimização de programações de sistemas para cumprir requisitos de tempo rigorosos. À medida que os sistemas em tempo real evoluem, os conhecimentos e a experiência adquiridos com este esforço serão inestimáveis no desenvolvimento de sistemas robustos e fiáveis para diversas aplicações.

5.8 - Referências

Seguem-se algumas referências bibliográficas relevantes sobre aplicações em tempo real e sistemas embebidos, nomeadamente sobre algoritmos de escalonamento: Estas referências cobrem os vários algoritmos de escalonamento discutidos no capítulo e fornecem uma base sólida para uma exploração mais aprofundada dos conceitos e aplicações em sistemas de tempo real e embebidos.

1. Liu, C. L., & Layland, J. W. (1973). "Scheduling Algorithms for Multiprogramming in a Hard-Real-Time Environment". Journal of the ACM (JACM), 20(1), 46-61.

2. Dertouzos, M. L. (1974). "Robótica de controlo: The Procedural Control of Physical Processes". Information Processing, 74, 807-813.

3. Buttazzo, G. C. (2011). "Taxa monotónica vs. EDF: Judgment Day". Real-Time Systems, 29(1), 5-26.

4. Stankovic, J. A., & Zhao, W. (1988). "On Real-time Transactions". ACM SIGMOD Record, 17(1), 4-6.

5. Lehoczky, J. P., Sha, L., & Ding, Y. (1989). "O Algoritmo de Escalonamento Monotónico de Taxa: Exact Characterization and Average Case Behavior". Actas do Simpósio de Sistemas em Tempo Real, 166-171.

6. Cho, H., & Chang, K. (2009). "An Enhanced Least Laxity First Scheduling Algorithm for Real-Time Tasks" [Um algoritmo melhorado de escalonamento de tarefas em tempo real com o mínimo de frouxidão]. Journal of Systems Architecture, 55(5-6), 392-399.

7. Sha, L., Rajkumar, R., & Lehoczky, J. P. (1990). "Protocolos de herança de prioridades: An Approach to Real-Time Synchronization". IEEE Transactions on Computers, 39(9), 1175-1185.

8. Audsley, N. C., Burns, A., Richardson, M. F., Tindell, K. W., & Wellings, A. J. (1993). "Applying New Scheduling Theory to Static Priority Preemptive Scheduling". Software Engineering Journal, 8(5), 284-292.

9. Buttazzo, G. C. (2011). Sistemas de computação em tempo real rígidos: Predictable Scheduling Algorithms and Applications. Springer Science & Business Media.

Capítulo 6

Aplicação de dados de tráfego aéreo e drones

No cenário em rápida evolução das cidades inteligentes, a gestão do tráfego aéreo e a utilização de dados de drones tornaram-se fundamentais. Este capítulo explora as várias aplicações de dados de drones na localização de problemas, cálculos de trajectórias de voo optimizadas e trajectórias de seguimento de aviões. Com a integração de tecnologias avançadas e análise de dados, os drones estão a revolucionar o planeamento urbano, a segurança e a eficiência (Figura 6.1). Este capítulo aprofunda as metodologias práticas e os cálculos numéricos envolvidos no aproveitamento dos dados dos drones para melhorar os ambientes urbanos.

Figura 6.1: Aplicação de dados de tráfego aéreo e de drones.

6.1 - Utilização de dados de drones para localização de problemas numa cidade inteligente

Os dados dos drones provaram ser um ativo crucial na identificação e resolução dos desafios urbanos. Ao captar imagens de alta resolução e dados em tempo real, os drones fornecem informações sobre o congestionamento do tráfego, defeitos nas infra-estruturas e monitorização ambiental. A aplicação destes dados facilita a tomada de decisões rápidas e eficazes, contribuindo para a funcionalidade geral e a habitabilidade das cidades inteligentes.

Na era das cidades inteligentes, a gestão eficiente do tráfego aéreo é crucial para garantir viagens seguras e atempadas entre cidades. Tirando partido dos dados de tráfego em tempo real e de técnicas computacionais avançadas, podemos otimizar as trajectórias de voo das aeronaves, minimizando os atrasos, reduzindo o consumo de combustível e aumentando a segurança geral. Este capítulo explora a forma como os dados de tráfego aéreo podem ser utilizados para controlar e otimizar as trajectórias dos aviões entre duas cidades, utilizando coordenadas de latitude e longitude para calcular a rota mais eficiente.

6.1.1 Introdução à gestão do tráfego aéreo

A gestão do tráfego aéreo envolve a monitorização e o controlo do movimento das aeronaves no espaço aéreo para garantir operações seguras e eficientes. Numa cidade inteligente, este processo é melhorado através da integração de várias fontes de dados, incluindo:

- Posições das aeronaves em tempo real
- Condições climatéricas
- Congestionamento do tráfego aéreo
- Restrições do espaço aéreo

6.1.2 Recolha de dados de tráfego aéreo

A recolha de dados é o primeiro passo para otimizar as trajectórias de voo. Várias tecnologias e sistemas contribuem para a recolha de dados de tráfego aéreo precisos e atempados:

- **ADS-B (Automatic Dependent Surveillance-Broadcast)**: Fornece dados em tempo real sobre as posições, velocidades e outras informações relevantes das aeronaves.
- **Sistemas de radar**: Seguem os movimentos das aeronaves e detectam potenciais conflitos.
- **Estações meteorológicas**: Fornecem dados sobre as condições meteorológicas que podem afetar a segurança e a eficiência do voo.
- **Controlo do tráfego aéreo (ATC)**: Fornece instruções e informações aos pilotos com base nas condições actuais do tráfego aéreo.

6.2 - Cálculo de trajectórias de voo optimizadas

A otimização das rotas de voo dos drones é essencial para maximizar a eficiência e minimizar os riscos. São utilizados algoritmos avançados e modelos computacionais para determinar as rotas mais eficientes, tendo em consideração factores como as condições meteorológicas, o tráfego aéreo e o terreno. Esta secção examina as técnicas utilizadas para obter cálculos de trajectórias de voo optimizadas, garantindo operações de drones seguras e eficientes.

Para calcular uma rota de voo optimizada entre duas cidades, utilizamos as coordenadas de latitude e longitude dos aeroportos de partida e de destino. O objetivo é encontrar a rota mais eficiente que considere vários factores, como a distância, o tráfego aéreo e as condições meteorológicas. De seguida, descrevemos os passos envolvidos neste processo:

1. **Definir as coordenadas:**
   - Determinar a latitude e a longitude das cidades de partida e de destino.

2. **Cálculo da via inicial:**
   - Utiliza a fórmula da distância do grande círculo para calcular o caminho mais curto entre os dois pontos da superfície da Terra.
3. **Integrar dados em tempo real:**
   - Incorporar dados em tempo real sobre o tráfego aéreo e as condições meteorológicas para ajustar a trajetória inicial. Isto pode implicar evitar zonas congestionadas ou condições meteorológicas adversas.

4. **Algoritmo de otimização de trajectórias**:

- Implementar algoritmos para otimizar a trajetória. Os métodos comuns incluem:
  - ✓ **Algoritmo de Dijkstra**: Encontra o caminho mais curto num gráfico ponderado, útil para navegar à volta de obstáculos.
  - ✓ ***Um algoritmo de pesquisa**:** Uma extensão do algoritmo de Dijkstra que inclui heurísticas para encontrar caminhos mais rapidamente.
  - ✓ **Algoritmos genéticos**: Simulam processos evolutivos para encontrar soluções óptimas através de melhorias iterativas.

5. Ajustamento final da trajetória:

- Atualizar continuamente a trajetória de voo à medida que novos dados ficam disponíveis, assegurando que a aeronave se mantém na trajetória mais segura e mais eficiente.

6.3 Trajetória de seguimento de um avião - Cálculos numéricos com imagens

O seguimento da trajetória dos aviões utilizando cálculos numéricos e dados de imagem é um processo sofisticado que melhora a gestão do tráfego aéreo. Esta secção abrange as metodologias utilizadas no seguimento de trajectórias, incluindo a integração do processamento de imagens e da análise numérica. A capacidade de seguir e prever com precisão os movimentos dos aviões é vital para garantir a segurança e a eficiência do tráfego aéreo.

6.3.1 - Parte 1: Ler e apresentar uma imagem bidimensional da superfície terrestre

A Figura 6.2 mostra a imagem da superfície da Terra.

```
import matplotlib.pyplot as plt

# Charger l'image
path = 'img/Earth_map.png'
img = plt.imread(path)

# Afficher l'image
plt.imshow(img)
plt.show()
```

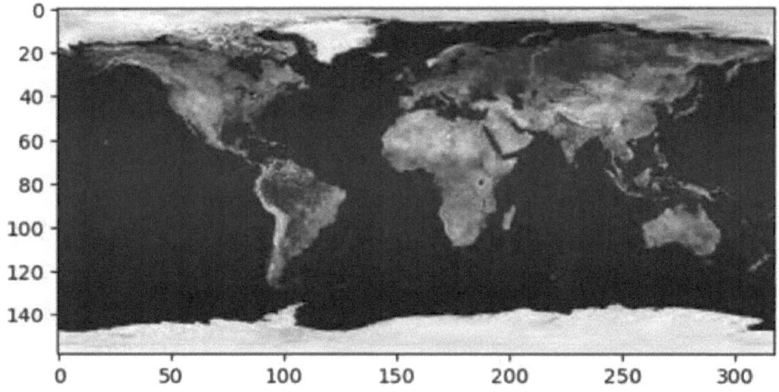

Figura 6.2: Imagem da superfície da Terra.

6.3.2 - Parte 2: Ler coordenadas e traçar uma trajetória

A figura 4.2 Ler coordenadas (latitude e longitude), traçar um trajeto (percurso de um avião entre duas cidades) e visualizar a imagem (Figura 4.2).

```
import matplotlib.pyplot as plt
Cities = {'Helsinski'   :{'lat':60.173333   ,'lon':24.948611},
          'Paris'       :{'lat':48.856578   ,'lon':2.351828 },
          'Haïti'       :{'lat':18.53917    ,'lon':-72.33639} }

Longs = [Cities['Paris']['lon'],Cities['Haïti']['lon']]
Lats  = [Cities['Paris']['lat'],Cities['Haïti']['lat']]
plt.plot(Longs ,Lats,'-+'  ,color='g',label=r"$t1$")

Longs = [Cities['Paris']['lon'],Cities['Helsinski']['lon']]
Lats  = [Cities['Paris']['lat'],Cities['Helsinski']['lat']]
plt.plot(Longs ,Lats,'-o'  ,color='b',label=r"$t1$")

path = 'img/Earth_map.png'
im = plt.imread(path)
implot  = plt.imshow(im, extent=(-180,180,-90,90))

plt.xlabel('Longitude')
plt.ylabel('Latitude')
plt.title('Airplane tracking trajectory')
# plt.grid(True)
plt.grid(color = 'yellow', linestyle = '--', linewidth = 0.1)
plt.savefig('img/WorldMap.png')
plt.savefig('img/WorldMap.pdf')

plt.show()
```

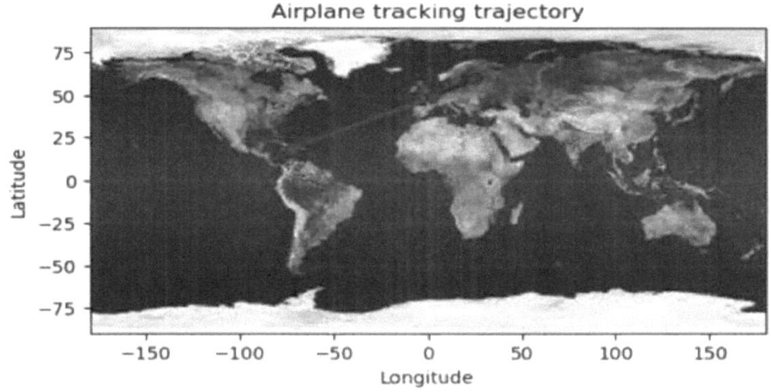

Figura 6.3: Trajetória de seguimento do avião.

6.4 - Utilização de dados de drones para localização de problemas numa cidade inteligente

Numa cidade inteligente, os drones aéreos são ferramentas poderosas para monitorizar e gerir vários aspectos do ambiente urbano, como o tráfego, a segurança pública, a gestão de infra-estruturas e a resposta a emergências.

Os dados recolhidos pelos drones podem fornecer informações valiosas sobre as condições das estradas, as zonas de congestionamento, os incidentes de segurança e as falhas nas infra-estruturas. Utilizando as trajectórias GPS obtidas pelos drones, é possível localizar com precisão os problemas na cidade e agir rapidamente para os resolver (Figura 6.4).

Figura 6.4: Drone de localização inteligente.

Este programa Python utiliza a biblioteca ***matplotlib*** para traçar trajectórias GPS obtidas por um drone aéreo num mapa com uma projeção equirectangular e uma imagem de fundo. A função ***read_gps*** lê dados GPS de um ficheiro CSV, enquanto a função ***plot_gps_path*** traça a trajetória e adiciona uma imagem de fundo. Esta abordagem permite a fácil visualização dos percursos dos drones e a identificação de problemas numa cidade inteligente.

6.1.1 Representação gráfica de trajectórias GPS

Vamos implementar um programa Python que lê os dados GPS de um ficheiro CSV, traça as trajectórias num mapa utilizando uma projeção equirectangular e adiciona uma imagem de fundo que representa a região observada pelo drone.

6.1.2 Passo 1: Função read_gps

Esta função lê um ficheiro CSV que contém dados GPS e devolve duas listas: latitudes e longitudes (Figura 6.5).

```python
import matplotlib.pyplot as pyplot

def read_gps(file_name):
    """ Open a csv file containing the GPS data and read the data.
        filename: the name or path of the CSV file
        return: 2 lists latitude and longitude
    """

    latitude = []
    longitude = []
    file = open(file_name, 'r')
    lines = file.readlines()
    file.close()

    for line in lines[1:]:
        data = line.split(",")
        latitude.append(float(data[0]))
        longitude.append(float(data[1]))

    return latitude, longitude
```

Figura 6.5: Função Read_gps.

6.1.3 Passo 2: Função para traçar a trajetória (plot_gps)

Esta função contém as seguintes instruções:

- Criação de duas listas de latitude e longitude utilizando a função **read_gps** com o ficheiro: **resource/tracesGPS1.csv** como argumento.
- Desenhar uma linha que trace os pontos de duas listas de longitudes (no eixo dos x) e latitudes (no eixo dos y).
- Adicione etiquetas para cada eixo.
- Acrescentar o título **"Trajetória: da estação de metro ao gabinete de trabalho"**.

Utilizamos a **biblioteca matplotlib** para representar os pontos das listas de latitude e longitude obtidas (Figura 6.6).

```python
def plot_gps():

    latitude, longitude = read_gps("resource/tracesGPS1.csv")                    # Data

    pyplot.plot(longitude, latitude, '-D', color='g', lw=3, markersize=5)        # Trace

    pyplot.xlabel("Longitude")                                                   # Labels
    pyplot.ylabel("Latitude")

    pyplot.title('Trajectory: metro station to the work office')                 # Title

    pyplot.show()                                                                # Display
```

Figura 6.6: Função Plot_gps.

```
latitude,"longitude","altitude","accuracy","time"
48.81121270075116,2.3841758263391872,58,35,1415262788000
48.81147501149733,2.384383284565941,51,25,1415262804000
48.81191508197061,2.3853932113827176,85,25,1415262855000
48.81225624186727,2.3865015449296205,99,15,1415262906000
48.81243794384319,2.3868354678273875,89,10,1415262926000
48.81276704108178,2.387489296597385,94,10,1415262961000
48.81292958291009,2.387834826761983,86,15,1415262983000
48.81342900826847,2.3888736760295015,93,10,1415263036000
48.813577755412354,2.3892319314772235,92,10,1415263054000
48.81375685744313,2.3895424297520527,77,25,1415263070000
48.813929424971995,2.3898662115257348,85,10,1415263086000
48.81407338639222,2.3902213230041096,100,10,1415263107000
48.81440222050676,2.3908822578763957,88,10,1415263139000
48.81448060323115,2.3913894610282025,93,40,1415263176000
48.81451192461612,2.3922704584301306,87,15,1415263224000
48.81460554347133,2.3930909128510702,90,10,1415263260000
48.81449964257766,2.3934848755146576,84,10,1415263275000
48.81427114405714,2.3937333389735036,85,10,1415263303000
48.813728671885634,2.3934930846866003,105,5,1415263338000
```

Figura 6.7: Listas de latitude e longitude: ficheiro tracesGPS1.csv

```
plot_gps()
```

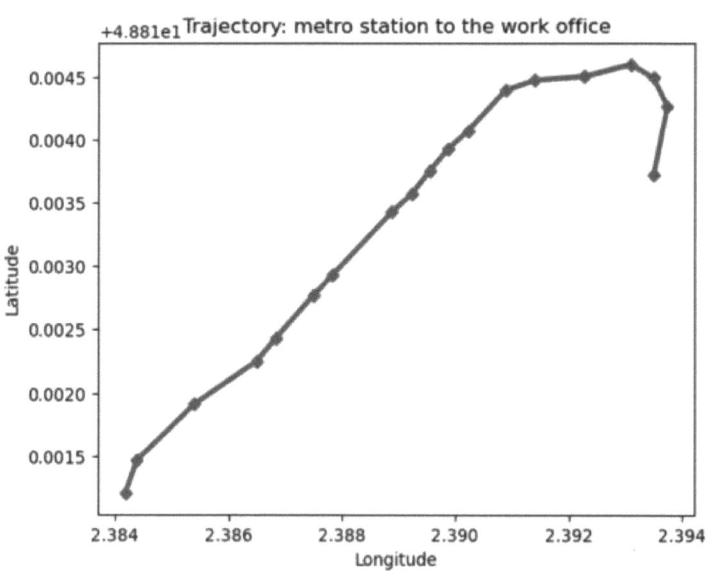

Figura 6.8: Trajetória gráfica.

6.1.4 Passo 3: Função para traçar o caminho (plot_all_gps) com três ficheiros CSV e uma imagem

Numa função chamada **plot_all_gps**, escrever as instruções que permitem:

Parte 1: Adicionar 3 trajectórias

- Crie duas listas com latitudes e longitudes utilizando a função **read_gps** para cada **ficheiro gps**.
- Desenhe três curvas (3 ficheiros CSV) que traçam os pontos de duas listas de longitudes (no eixo x) e latitudes (no eixo y) de cada rota GPS.
- Adicione etiquetas para cada eixo.
- Acrescentar o título "**Trajetória: da estação de metro ao gabinete de trabalho**".
- Adicionar Legendas.

Parte 2: Adicionar imagem de fundo

- Adicione a imagem de fundo **Sat_Image.png** que se encontra na pasta de recursos:
- Esta imagem é uma fotografia de satélite em projeção equirectangular na área definida entre as coordenadas 2.382, 2.394, 48.811, 48.815.
- Utilize a função ***imread*** para carregar este ficheiro numa imagem. Utilize esta imagem e o parâmetro extend da função ***imshow*** para adicionar a imagem ao gráfico

```
import matplotlib.pyplot as plt

def plot_all_gps():
    # Data
    lat1, long1 = read_gps("resource/tracesGPS1.csv")
    lat2, long2 = read_gps("resource/tracesGPS2.csv")
    lat3, long3 = read_gps("resource/tracesGPS3.csv")

    # Plot with Legends
    plt.plot(long1, lat1, '-D', color='g', lw=3, markersize=10, label='Traject 1')
    plt.plot(long2, lat2, '-o', color='r', lw=3, markersize=10, label='Traject 2')
    plt.plot(long3, lat3, '-*', color='b', lw=3, markersize=10, label='Traject 3')

    # Labels
    plt.xlabel("Longitude")
    plt.ylabel("Latitude")

    # Title
    plt.title('Trajectory: metro station to the work office')
    plt.grid(True)

    # Legend
    plt.legend(loc='upper right')

    # Add the background image
    imgname = 'resource/Sat_image.png'
    im = plt.imread(imgname)
    plt.imshow(im, extent=(2.382, 2.394, 48.811, 48.815), alpha=0.9)

    # Display
    plt.show()
```

Figura 6.9: Função Plot_all_gps.

```
plot_all_gps()
```

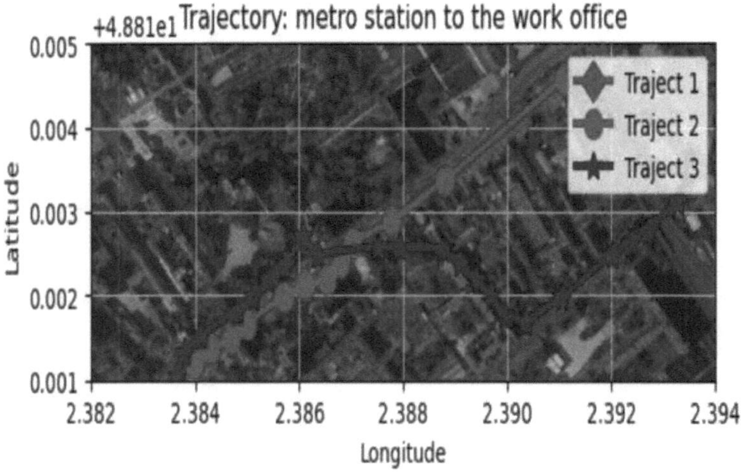

Figura 6.10: Trajetória gráfica + imagem.

6.2 - Conclusão

A integração de dados de drones em aplicações de gestão de tráfego aéreo e de cidades inteligentes marca um avanço significativo no desenvolvimento urbano. Ao utilizar drones para localização de problemas, trajectórias de voo optimizadas e seguimento de aviões, as cidades podem melhorar a sua eficiência operacional, segurança e sustentabilidade. Os conhecimentos obtidos a partir dos dados dos drones são fundamentais para moldar o futuro dos ambientes urbanos inteligentes, tornando-os mais reactivos e adaptáveis às necessidades dos seus habitantes.

6.3 - Referências

1. **Anderson, C.** (2012). *Makers: The New Industrial Revolution*. Crown Business.

2. **Floreano, D., & Wood, R. J.** (2015). "Ciência, tecnologia e o futuro dos pequenos drones autónomos". *Nature*, 521(7553), 460-466.

3. **Goodchild, M. F., & Li, L.** (2012). "Assegurar a qualidade da informação geográfica voluntária". *Spatial Statistics*, 1, 110-120.

4. **Jensen, J. R.** (2006). *Deteção remota do ambiente: An Earth Resource Perspective*. Pearson Prentice Hall.

5. **Watts, A. C., Ambrosia, V. G., & Hinkley, E. A.** (2012). "Sistemas de aeronaves não tripuladas em sensoriamento remoto e pesquisa científica: Classificação e Considerações de Uso". *Sensoriamento Remoto*, 4(6), 1671-1692.

Capítulo 7

Servidor HTTP do robô móvel e emissor-recetor do drone

À medida que as zonas urbanas evoluem para cidades inteligentes, a integração de tecnologias avançadas torna-se fundamental para fazer face às complexidades da vida urbana moderna. Entre estas tecnologias, os servidores HTTP dos robots móveis e os sistemas emissor-recetor dos drones destacam-se como componentes críticos (Figura 7.1).

Estas inovações não só aumentam a eficiência operacional, como também contribuem para a qualidade de vida global nas cidades inteligentes. Esta introdução explora a sua importância, utilização e fornece exemplos das suas aplicações.

Neste tópico, serão implementados alguns exemplos práticos em redes de comunicação remota UDP, TCP e HTTP POST, aplicados a dispositivos robóticos e drones.

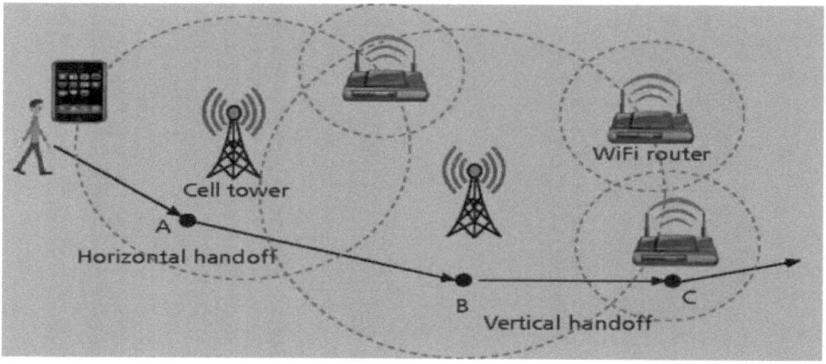

Figura 7.1: Servidor HTTP do robô móvel e emissor-recetor do drone.

7.1- Servidores HTTP do robô móvel

Os robôs móveis equipados com servidores HTTP desempenham um papel vital nas infra-estruturas das cidades inteligentes. Ao tirar partido dos servidores HTTP, estes robots podem comunicar sem problemas com outros dispositivos, sistemas e operadores humanos através da Internet. Esta conetividade facilita a troca de dados em tempo real, a monitorização e o controlo remotos, tornando os robôs mais versáteis e com maior capacidade de resposta. As principais aplicações destes dispositivos em sistemas inteligentes são as seguintes

1. **Segurança pública:** Os robôs móveis podem patrulhar espaços públicos, fornecendo imagens de vídeo em direto e dados ambientais às autoridades policiais. Isto permite uma resposta rápida a incidentes e aumenta a segurança pública.

2. **Serviços de entrega:** Empresas como a Amazon e a Starship Technologies utilizam robots de entrega para transportar mercadorias. Estes robôs utilizam servidores HTTP para navegar e comunicar com sistemas de controlo central, assegurando entregas eficientes e precisas.
3. **Inspeção de infra-estruturas:** Os robôs móveis equipados com sensores podem inspecionar infra-estruturas como pontes, estradas e condutas. Os dados recolhidos são transmitidos através de servidores HTTP às equipas de manutenção, permitindo reparações e manutenção atempadas.

7.2 - Exemplo de servidor HTTP do robô móvel

HTTP POST Nesta parte, veremos como melhorar o nosso servidor HTTP para o tornar capaz de enviar diferentes tipos de dados (codificação) e receber pedidos POST com dados. Vamos analisar os pedidos de publicação efectuados pelo cliente. Um pedido de publicação é composto da seguinte forma: um cabeçalho http que termina com uma linha vazia, seguido dos dados.

1. Adapte o seu servidor http de modo a que este apresente a totalidade dos pedidos enviados pelo cliente.
2. Inicie o seu servidor http
3. Utilize o seu navegador Web para abrir a página control.html e clique num botão.
4. Veja o pedido POST (impresso pelo servidor

O valor (dados) associado ao post é o control.html e está localizado na primeira linha do corpo do pedido (ou seja, a mensagem recebida), como mostram as Figuras 7.2 e 7.3.

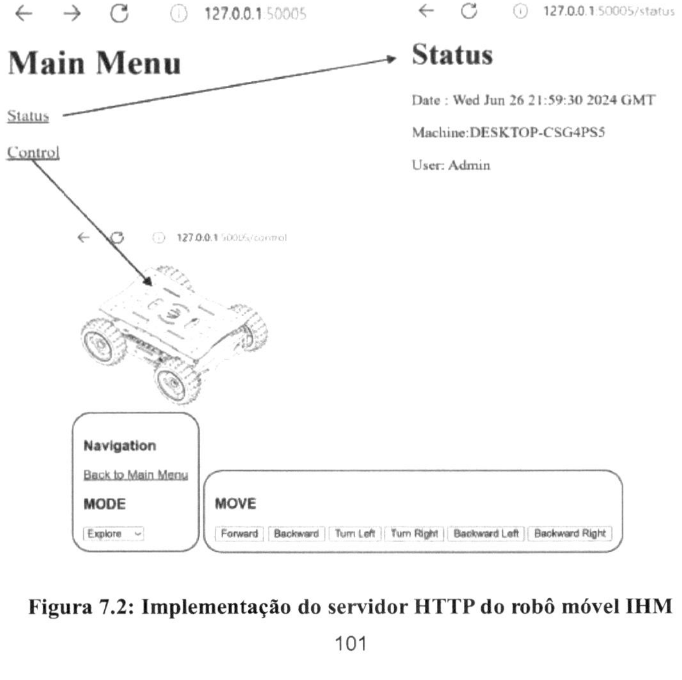

Figura 7.2: Implementação do servidor HTTP do robô móvel IHM

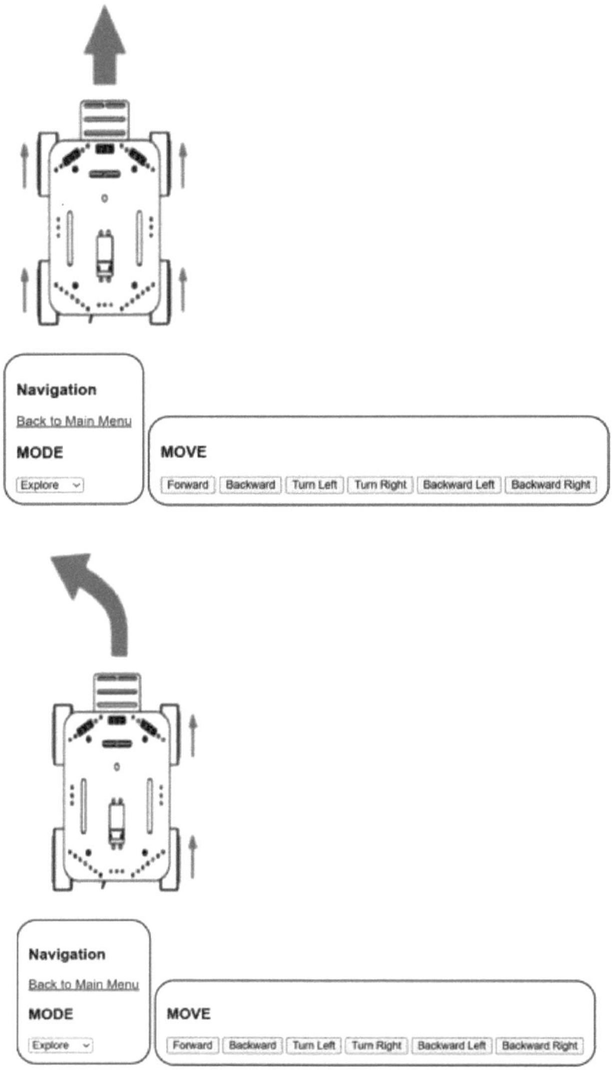

Figura 7.3: Movimentos HTTP do robô móvel IHM.

- **Adapte o servidor de modo a que imprima "avançar", "recuar", etc., consoante o pedido POST (Figura 7.4).**

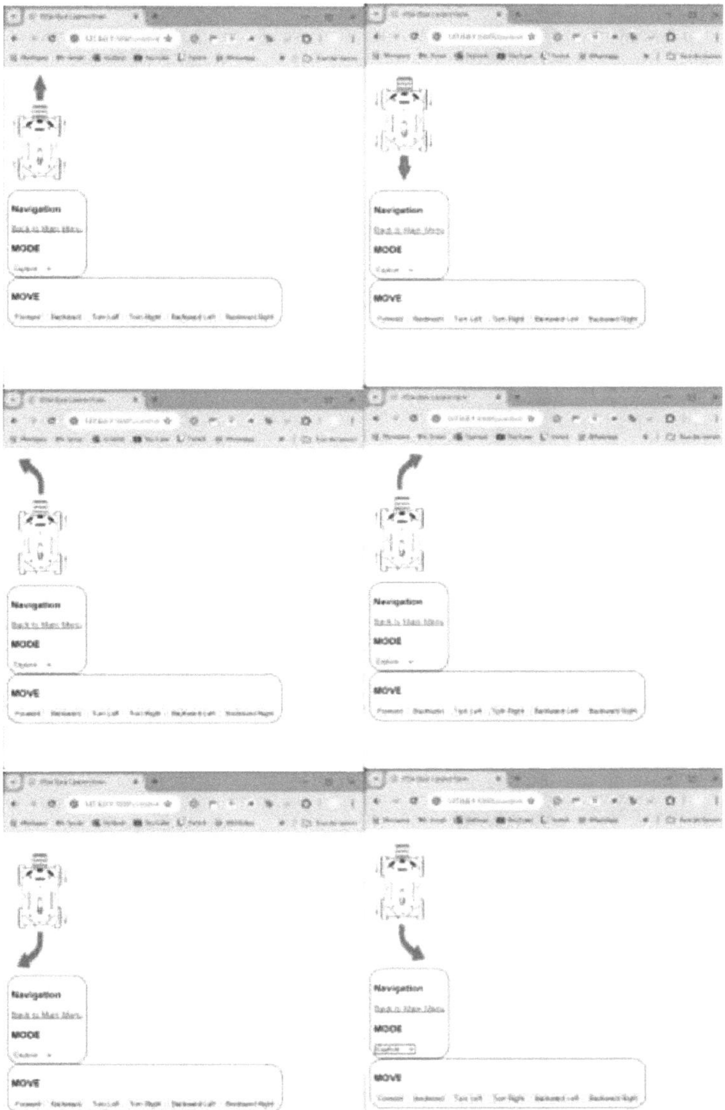

Figura 7.4: Servidor HTTP do robô móvel.

- **Adapte o seu servidor para que responda ao pedido de publicação com uma mensagem HTTP 200 e a página control.html como dados.**

Nesta versão modificada, quando um pedido POST para /control.html é recebido, o servidor imprime o pedido e processa os dados do formulário como antes. Então, em vez de chamar a função **send_response** imediatamente após o processamento dos dados do formulário, ele envia o cabeçalho de resposta HTTP 200 seguido pelo conteúdo de control.html usando **client_socket.send(content)**. Isto assegura que a página control.html é enviada de volta para o cliente como resposta ao pedido POST.

7.3 - Sistemas emissor-recetor de drones

Os drones, ou veículos aéreos não tripulados (UAV), equipados com sistemas emissor-recetor estão a revolucionar vários aspectos das cidades inteligentes. Estes sistemas permitem que os drones enviem e recebam dados, comuniquem com centros de controlo e interajam com outros dispositivos em tempo real. A agilidade e a perspetiva aérea proporcionadas pelos drones tornam-nos inestimáveis para tarefas que são desafiantes ou impossíveis para sistemas baseados em terra. As principais aplicações destes dispositivos em sistemas inteligentes são as seguintes:

1. **Gestão do tráfego:** Os drones podem monitorizar as condições de tráfego a partir do céu, fornecendo dados em tempo real aos sistemas de gestão de tráfego. Esta informação ajuda a otimizar o fluxo de tráfego, a reduzir o congestionamento e a melhorar a mobilidade urbana.
2. **Resposta a emergências:** Em cenários de catástrofe, os drones equipados com sistemas emissor-recetor podem avaliar rapidamente os danos, localizar sobreviventes e entregar fornecimentos essenciais. A sua capacidade de navegar em terrenos difíceis torna-os indispensáveis na gestão de emergências.
3. **Monitorização ambiental:** Os drones podem monitorizar a qualidade do ar e da água, seguir a vida selvagem e inspecionar espaços verdes. Os dados recolhidos ajudam a manter os padrões ambientais e a planear um desenvolvimento urbano sustentável.

- **Implementação UDP emissor-recetor - Exemplo**

Programar em linguagem Python utilizando um socket UDP em que um transmissor **E**, um gateway **P** e três receptores **R1**, **R2** e **R3** serão considerados para controlar três drones de inspeção.

a. O emissor **E** gera um número aleatório módulo 3 (<u>três drones</u>) e transmite-o à gateway **P**, que deve analisar os dados recebidos.
b. Se os dados obtidos forem **0**, a mensagem "**Inspection drone 1 active**" será transmitida ao recetor **R1**,
c. Se o dado obtido for **1**, será transmitida ao recetor **R2** a mensagem "**Inspection drone 2 active**",
d. Caso contrário, se os dados obtidos forem **2**, a mensagem "**Inspection drone 3 active**" será transmitida ao recetor **R3**.
e. Incluir a funcionalidade de utilizar a **tecla "x"** para interromper a execução do programa.
f. **R1**, **R2** e **R3** apresentam os dados recebidos (respetivamente **0**, **1** ou **2**).

Para efeitos de validação e teste do programa em linguagem Python, vamos utilizar o endereço de loopback **127.0.0.1** e portas com um valor superior a **50.000**

```
#!/usr/bin/env python3
# -*- coding: utf-8 -*-
"""
Created on Fri Mar 22 10:41:32 2024

@author: ecsrkhaif
"""

import socket
import random
import threading

# Define constants
UDP_IP = "127.0.0.1"
UDP_PORT = 50001
BUFFER_SIZE = 1024

# Function to handle receiving messages from receivers
def receive_from_receiver(socket):
    while True:
        data, _ = socket.recvfrom(BUFFER_SIZE)
        print("Received:", data.decode())

# Function to handle transmitting messages to receivers
def transmit_to_receiver(data, port):
    with socket.socket(socket.AF_INET, socket.SOCK_DGRAM) as sock:
        sock.sendto(data.encode(), (UDP_IP, port))

# Function for gateway to analyze data and transmit to respective receiver
def gateway():
    with socket.socket(socket.AF_INET, socket.SOCK_DGRAM) as gateway_socket:
        gateway_socket.bind((UDP_IP, UDP_PORT))
        while True:
            data, _ = gateway_socket.recvfrom(BUFFER_SIZE)
            data = int(data.decode())
            if data == 0:
                transmit_to_receiver("Inspection drone 1 active", 50002)
            elif data == 1:
                transmit_to_receiver("Inspection drone 2 active", 50003)
            elif data == 2:
                transmit_to_receiver("Inspection drone 3 active", 50004)

# Function for transmitter to generate and send data
def transmitter():
    with socket.socket(socket.AF_INET, socket.SOCK_DGRAM) as transmitter_socket:
        while True:
            random_number = random.randint(0, 2)
            transmitter_socket.sendto(str(random_number).encode(), (UDP_IP, UDP_PORT))
            if input("Press 'x' to stop the program: ").strip().lower() == 'x':
                break

if __name__ == "__main__":
    # Create threads for gateway, transmitter, and receivers
    gateway_thread = threading.Thread(target=gateway)
    gateway_thread.daemon = True
    gateway_thread.start()

    transmitter_thread = threading.Thread(target=transmitter)
    transmitter_thread.start()

    receiver1_socket = socket.socket(socket.AF_INET, socket.SOCK_DGRAM)
    receiver1_socket.bind((UDP_IP, 50002))
    receiver1_thread = threading.Thread(target=receive_from_receiver, args=(receiver1_socket,))
    receiver1_thread.start()

    receiver2_socket = socket.socket(socket.AF_INET, socket.SOCK_DGRAM)
    receiver2_socket.bind((UDP_IP, 50003))
    receiver2_thread = threading.Thread(target=receive_from_receiver, args=(receiver2_socket,))
    receiver2_thread.start()

    receiver3_socket = socket.socket(socket.AF_INET, socket.SOCK_DGRAM)
    receiver3_socket.bind((UDP_IP, 50004))
    receiver3_thread = threading.Thread(target=receive_from_receiver, args=(receiver3_socket,))
    receiver3_thread.start()

    # Wait for transmitter to finish (if 'x' is pressed)
    transmitter_thread.join()
```

Figura 7.5: Programa emissor-servidor.

```
#!/usr/bin/env python3
# -*- coding: utf-8 -*-
"""
Created on Fri Mar 22 11:06:42 2024

@author: ecsrkhaif
"""

import socket
import random
import time

UDP_IP = "127.0.0.1"
UDP_PORT = 50001
BUFFER_SIZE = 1024

def main():
    with socket.socket(socket.AF_INET, socket.SOCK_DGRAM) as transmitter_socket:
        while True:
            random_number = random.randint(0, 2)
            transmitter_socket.sendto(str(random_number).encode(), (UDP_IP, UDP_PORT))
            print("Transmitted data:", random_number)
            if input("Press 'x' to stop the program: ").strip().lower() == 'x':
                break

if __name__ == "__main__":
    main()
```

Figura 7.6: Programa do emissor.

```
#!/usr/bin/env python3
# -*- coding: utf-8 -*-
"""
Created on Fri Mar 22 11:06:58 2024

@author: ecsrkhaif
"""

import socket

UDP_IP = "127.0.0.1"
UDP_PORT = 50001
BUFFER_SIZE = 1024

def main():
    with socket.socket(socket.AF_INET, socket.SOCK_DGRAM) as gateway_socket:
        gateway_socket.bind((UDP_IP, UDP_PORT))
        while True:
            data, _ = gateway_socket.recvfrom(BUFFER_SIZE)
            data = int(data.decode())
            if data == 0:
                transmit_to_receiver("Inspection drone 1 active", 50002)
            elif data == 1:
                transmit_to_receiver("Inspection drone 2 active", 50003)
            elif data == 2:
                transmit_to_receiver("Inspection drone 3 active", 50004)

def transmit_to_receiver(data, port):
    with socket.socket(socket.AF_INET, socket.SOCK_DGRAM) as sock:
        sock.sendto(data.encode(), (UDP_IP, port))

if __name__ == "__main__":
    main()
```

Figura 7.7: Programa Gateway.

```
#!/usr/bin/env python3
# -*- coding: utf-8 -*-
"""
Created on Fri Mar 22 11:07:09 2024

"""

import socket

UDP_IP = "127.0.0.1"
UDP_PORT = 50002
BUFFER_SIZE = 1024

def main():
    with socket.socket(socket.AF_INET, socket.SOCK_DGRAM) as receiver_socket:
        receiver_socket.bind((UDP_IP, UDP_PORT))
        while True:
            data, _ = receiver_socket.recvfrom(BUFFER_SIZE)
            print("Received:", data.decode())

if __name__ == "__main__":
    main()
```

Figura 7.8: Programa Recetor Drone (r1).

```
#!/usr/bin/env python3
# -*- coding: utf-8 -*-
"""
Created on Fri Mar 22 11:07:16 2024

"""

import socket

UDP_IP = "127.0.0.1"
UDP_PORT = 50003
BUFFER_SIZE = 1024

def main():
    with socket.socket(socket.AF_INET, socket.SOCK_DGRAM) as receiver_socket:
        receiver_socket.bind((UDP_IP, UDP_PORT))
        while True:
            data, _ = receiver_socket.recvfrom(BUFFER_SIZE)
            print("Received:", data.decode())

if __name__ == "__main__":
    main()
```

Figura 7.9: Programa Recetor Drone (r2).

```
#!/usr/bin/env python3
# -*- coding: utf-8 -*-
"""
Created on Fri Mar 22 11:07:22 2024
"""

import socket

UDP_IP = "127.0.0.1"
UDP_PORT = 50004
BUFFER_SIZE = 1024

def main():
    with socket.socket(socket.AF_INET, socket.SOCK_DGRAM) as receiver_socket:
        receiver_socket.bind((UDP_IP, UDP_PORT))
        while True:
            data, _ = receiver_socket.recvfrom(BUFFER_SIZE)
            print("Received:", data.decode())

if __name__ == "__main__":
    main()
```

Figura 7.10: Programa Recetor Drone (r3).

```
Received: Inspection drone 1 active
Press 'x' to stop the program: 1
Received: Inspection drone 3 active
Press 'x' to stop the program: 2
Received: Inspection drone 2 active
Press 'x' to stop the program: 3
Received: Inspection drone 2 active
Press 'x' to stop the program: 3
Received: Inspection drone 1 activePress 'x' to stop the program:
```

Figura 7.11: Resultado UDP emissor-recetor.

7.4 - Conclusão

A integração de servidores HTTP de robôs móveis e de sistemas emissor-recetor de drones está a transformar as cidades inteligentes em ambientes mais eficientes, seguros e sustentáveis. Ao permitir a comunicação e o intercâmbio de dados em tempo real, estas tecnologias suportam uma vasta gama de aplicações, desde a segurança pública à monitorização ambiental. À medida que as cidades inteligentes continuam a crescer, o papel destes sistemas avançados tornar-se-á cada vez mais significativo, impulsionando a inovação e melhorando a vida urbana.

A implementação de servidores HTTP de robôs móveis facilita a comunicação e o controlo contínuos de sistemas robóticos através da Internet. Ao utilizar protocolos HTTP, estes servidores permitem uma troca de dados eficiente, monitorização remota e controlo em tempo real, aumentando a versatilidade e a escalabilidade das operações robóticas. O exemplo discutido neste capítulo ilustra a implementação prática e os benefícios de tais sistemas em cenários do mundo real.

Paralelamente, o avanço dos sistemas emissor-recetor dos drones abriu novas vias para a transmissão e comunicação de dados aéreos. Estes sistemas permitem que os drones operem em ambientes complexos, realizando tarefas como a recolha de dados, a vigilância e a entrega com maior precisão e fiabilidade. O capítulo descreve em pormenor os componentes e o funcionamento destes sistemas, demonstrando o seu papel fundamental na expansão das capacidades da tecnologia dos drones.

Ao concluirmos este capítulo, é evidente que a convergência de servidores HTTP de robôs móveis e de sistemas emissor-recetor de drones é muito promissora para o futuro. Estas tecnologias não só melhoram a funcionalidade e a eficiência dos sistemas robóticos, como também abrem caminho a aplicações inovadoras em vários sectores, incluindo logística, agricultura, segurança e monitorização ambiental. A investigação e o desenvolvimento contínuos neste domínio conduzirão, sem dúvida, a novos avanços, impulsionando a evolução dos sistemas autónomos e a sua integração na vida quotidiana.

7.5 - Referências

1. Bekey, G. A. (2005). *Robôs autónomos: From Biological Inspiration to Implementation and Control (Da Inspiração Biológica à Implementação e Controlo)*. MIT Press.
2. Corke, P. (2011). *Robótica, Visão e Controlo: Fundamental Algorithms in MATLAB*. Springer.
3. Mellinger, D., Michael, N., & Kumar, V. (2012). "Geração e controle de trajetória para manobras agressivas precisas com Quadrotors". *O Jornal Internacional de Pesquisa em Robótica*, 31(5), 664-674.
4. Siegwart, R., Nourbakhsh, I. R., & Scaramuzza, D. (2011). *Introdução aos robôs móveis autónomos*. MIT Press.
5. Thrun, S., Burgard, W., & Fox, D. (2005). *Probabilistic Robotics*. MIT Press.
6. Zhang, C., & Hu, G. (2017). "Controle dinâmico acionado por eventos com eficiência energética de redes de sensores móveis". *IEEE Transactions on Control Systems Technology*, 25(3), 1134-1141.

Capítulo 8
Modelo de classificação utilizando CNN

O uso de métodos de classificação de imagens, particularmente os que envolvem redes neurais convolucionais (CNNs), revolucionou o campo da análise de dados visuais. No contexto das Cidades Inteligentes, estas tecnologias avançadas são fundamentais para detetar, classificar e analisar vários desafios urbanos. As CNNs, com a sua capacidade de aprender e identificar padrões em imagens, têm demonstrado uma precisão e eficiência notáveis, tornando-as uma pedra angular no desenvolvimento de sistemas inteligentes.

Este capítulo aborda as aplicações práticas das CNN nas cidades inteligentes, centrando-se na forma como estas tecnologias podem ser aproveitadas através de dispositivos robóticos e drones. Ao tirar partido dos modelos de classificação baseados em CNN, as cidades podem melhorar as suas capacidades em áreas como a gestão do tráfego, a monitorização ambiental, a inspeção de infra-estruturas e a segurança pública. A integração de CNNs com dispositivos robóticos e drones não só automatiza o processo de recolha e análise de dados, como também fornece informações em tempo real, facilitando a tomada de decisões rápidas e informadas.

Exploraremos a arquitetura e o funcionamento das CNNs, destacando as suas vantagens em relação aos métodos tradicionais de processamento de imagem. Além disso, o capítulo fornecerá estudos de caso e exemplos de como as CNNs estão atualmente a ser utilizadas em Cidades Inteligentes para resolver problemas específicos. Através destes exemplos, os leitores terão uma compreensão abrangente do potencial transformador das CNNs na criação de ambientes urbanos mais eficientes, reactivos e sustentáveis.

No final deste capítulo, será evidente que as CNNs não são apenas um avanço tecnológico, mas uma ferramenta vital para a evolução das Cidades Inteligentes. A sua aplicação em dispositivos robóticos e drones significa uma nova era de gestão urbana inteligente, em que os conhecimentos baseados em dados conduzem a cidades mais inteligentes, mais seguras e mais resilientes.

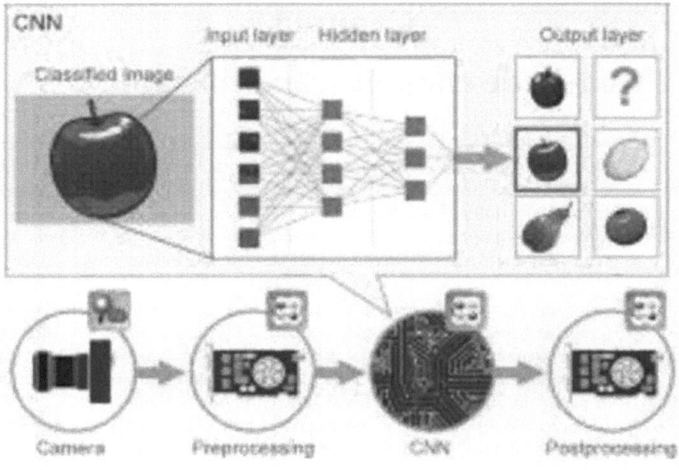

Figura 8.1: Modelo de classificação utilizando CNN.

8.1 - Utilização de CNNs para deteção e análise de problemas

As redes neurais convolucionais são uma classe de redes neurais profundas particularmente eficazes no processamento de dados visuais. Podem identificar padrões em imagens, o que as torna ideais para tarefas como a classificação, deteção de objectos, segmentação de imagens, etc.

8.1.1 Exemplos de aplicações em cidades inteligentes

1. **Monitorização do tráfego e identificação de incidentes**
   - **Drones e câmaras de trânsito:** Os drones equipados com câmaras podem sobrevoar áreas urbanas capturando imagens e vídeos. As CNN podem analisar estas imagens para detetar engarrafamentos, acidentes e infracções de trânsito.
   - **Dispositivos robóticos na via pública:** Os robôs móveis equipados com câmaras podem patrulhar as ruas, identificando obstáculos, veículos estacionados ilegalmente e outros problemas.

2. **Gestão de resíduos e limpeza urbana**
   - **Drones para inspeção de resíduos:** Os drones podem ser utilizados para monitorizar locais de eliminação ilegal de resíduos. As imagens capturadas podem ser processadas por CNNs para identificar áreas que precisam de ser limpas.
   - **Robôs de limpeza:** Os robôs autónomos podem percorrer ruas e praças, detectando e recolhendo lixo com a ajuda de sistemas de visão por computador baseados em CNNs.

3. **Segurança pública**

- **Vigilância com Drones:** Os drones podem monitorizar grandes eventos ou áreas com elevadas taxas de criminalidade, detectando comportamentos suspeitos ou actos de violência através da análise de vídeo em tempo real.
- **Reconhecimento facial e identificação de suspeitos:** Os sistemas de câmaras de segurança, associados às CNN, podem efetuar o reconhecimento facial para identificar criminosos ou pessoas desaparecidas.

4. **Manutenção de infra-estruturas**
   - **Inspeção de pontes e edifícios:** Os drones equipados com câmaras de alta resolução podem inspecionar a estrutura de pontes, edifícios e outras infra-estruturas críticas. As CNNs podem analisar as imagens para detetar fissuras, corrosão e outros sinais de deterioração.
   - **Monitorização de linhas eléctricas:** Os drones podem sobrevoar as linhas eléctricas, identificando vegetação que possa causar problemas, isoladores danificados e outros defeitos.

5. **Gestão de espaços verdes**
   - **Monitorização de parques e jardins:** Os drones podem mapear áreas verdes, analisando a saúde da vegetação, identificando áreas que precisam de ser regadas ou podadas. As CNN podem distinguir entre tipos de plantas, detectando pragas e doenças.
   - **Robôs jardineiros:** Os robôs podem efetuar a manutenção de áreas verdes, como cortar a relva e remover ervas daninhas, utilizando a visão por computador para identificar as áreas que necessitam de atenção.

8.1.2 Vantagens e desafios

Vantagens:

- **Automatização e eficiência:** A utilização de CNNs e dispositivos robóticos automatiza a deteção e a resposta a problemas, aumentando a eficiência operacional.
- **Precisão:** As CNNs são altamente precisas na classificação e deteção de objectos e problemas específicos.
- **Cobertura e acesso:** Os drones podem alcançar áreas inacessíveis ou perigosas para os humanos, proporcionando uma cobertura abrangente.

Desafios:

- **Privacidade e ética:** A vigilância extensiva pode levantar questões éticas e de privacidade, especialmente no que respeita à monitorização contínua de pessoas.
- **Infraestrutura de dados:** O processamento de grandes volumes de dados de imagem requer uma infraestrutura robusta de armazenamento e processamento.
- **Manutenção do dispositivo:** Tanto os drones como os robots necessitam de manutenção regular e podem ter problemas de funcionamento em condições meteorológicas adversas.

O objetivo deste exemplo é classificar imagens utilizando a técnica de rede neural convolucional para determinar se existe ou não um incêndio (exemplo de imagens com incêndio e sem incêndio apresentado na Figura 8.2).

a) com fogo.

b) sem fogo.

Figura 8.2: Exemplo de imagens com e sem fogo.

8.2 - Classificação de imagens com e sem fogo - passos de implementação da CNN

Este exemplo prático mostra a utilização de Redes Neuronais Artificiais (RNA) para detetar incêndios em reservas florestais numa cidade inteligente. Nesta aplicação, vamos utilizar a ***biblioteca Keras Python***, que é uma API da ***biblioteca Tensorflow***. Fornece uma interface Python para ***Redes Neuronais Artificiais (RNA)***. Além de redes neurais, essa biblioteca tem suporte para redes neurais convolucionais e recorrentes. Para implementar o problema, foram seguidos os seguintes passos:

Passo 1: Importar *tensorflow* e *keras:* para construir o nosso projeto baseado na aprendizagem profunda, terá de importar: **tensorflow** com a biblioteca **keras**.

```python
#%% - Import Librairies
import pandas as pd
import numpy as np
import matplotlib.pyplot as plt
import tensorflow as tf
from tensorflow import keras
import random
import os
import gym

import warnings
warnings.filterwarnings("ignore", category = UserWarning)
warnings.filterwarnings("ignore", category = DeprecationWarning)
```

Passo 2: Verificar a acessibilidade das fotografias

```python
# Chemin relatif
train_path = "d:/datasets/Training_validation/fire"

if os.path.exists(train_path):
    files = [file for file in os.listdir(train_path) if os.path.isfile(os.path.join(train_path, file))]

    print('List of available files:')

    # Imprimer les noms de fichiers sur la même ligne avec un espace de deux
    for i, file in enumerate(files):
        # Imprimer le nom du fichier suivi d'un espace de deux, sauf pour le dernier fichier
        print(file, end='  ' if i < len(files) - 1 else '\n')
else:
    print("Files are not available following the given path")
```

Etapa 3: Preparação do conjunto de dados (Figura 8.3):

- Quando a Etapa 1 estiver concluída, preparará os dados.
- A segunda parte do código consiste em carregar conjuntos de dados com a função ***keras.preprocessing.image*** dataset from diretory().

Estas linhas definem dois caminhos de diretório (ou endereços).

- ✓ **train_path** é o caminho para o diretório que contém os dados de treino e validação. O caminho para o diretório que contém as imagens.
- ✓ **testing_path** é o caminho para o diretório que contém os dados de teste.

```python
# - Paths (Définition des chemins)
train_path = 'd:/datasets/Training_validation'
testing_path = 'd:/datasets/Testing'
```

Em seguida, é necessário dividir o conjunto de dados em

1. **Dados de treino**
2. **Dados de validação**
3. **Dados de ensaio**

Definir parâmetros para o conjunto de dados de treino:

- **modo de etiqueta = "binário",**
- **divisão da validação = 0,2**
- **subconjunto = "treinamento":** Indica que este é o conjunto de treino (por oposição ao conjunto de validação).
- **seed = 123:** Utilizado para garantir a reprodutibilidade. Ao definir a semente, os resultados serão sempre os mesmos.
- **tamanho da imagem = (250, 250)**

Definir parâmetros para o conjunto de dados de validação:

- **modo de etiqueta = "binário",**
- **validation split = 0.2:** Especifica que 20% dos dados serão utilizados como conjunto de validação.
- **subconjunto = "validação",**
- **semente = 123,**
- **tamanho da imagem = (250, 250)**

Definir parâmetros para o conjunto de dados de teste:

label mode = "binary": Indica que as etiquetas serão binárias. Isto significa provavelmente que cada imagem tem apenas uma etiqueta (0 ou 1).

tamanho da imagem = (250, 250): Define o tamanho das imagens no conjunto de dados. Isto pode ser importante para o ajuste do modelo.

O principal objetivo do pré-tratamento do conjunto de dados é extrair caraterísticas importantes das imagens obtidas de um drone através da convolução e do agrupamento máximo e extrair as verdadeiras etiquetas das imagens.

Este conjunto de dados ***(train_ds)*** pode então ser utilizado para treinar um modelo de aprendizagem automática, utilizando as imagens e as etiquetas associadas no diretório especificado.

```
# - Datasets
train_ds = tf.keras.utils.image_dataset_from_directory(
    train_path,
    label_mode = 'binary',
    validation_split = 0.2,
    subset = "training",
    seed = 123,
    image_size = (250, 250))
validation_ds = tf.keras.utils.image_dataset_from_directory(
    train_path,
    label_mode = 'binary',
    validation_split = 0.2,
    subset = "validation",
    seed = 123,
    image_size = (250, 250))
test_ds = tf.keras.utils.image_dataset_from_directory(
    testing_path,
    label_mode = 'binary',
    image_size = (250, 250))

Found 1832 files belonging to 2 classes.
Using 1466 files for training.
Found 1832 files belonging to 2 classes.
Using 366 files for validation.
Found 68 files belonging to 2 classes.
```

Figura 8.3: Preparação do conjunto de dados.

Passo 3: Visualizar alguns dados: Visualização de algumas imagens para poder observar o conjunto de dados. Visualizar um lote de 9 imagens com as suas etiquetas em conjunto (Figuras 8.4 e 8.5).

```
plt.figure(figsize = (10, 10))

for images, labels in train_ds.take(1):
    for i in range(9):
        ax = plt.subplot(3, 3, i + 1)
        plt.imshow(images[i].numpy().astype("uint8"))
        if int(labels[i]) == 0:
            plt.title("Fire")
        elif int(labels[i]) == 1:
            plt.title("No fire")
        plt.axis("off")
plt.show()
```

Figura 8.4: Programa de visualização de dados.

Figura 8.5: Visualização de dados.

Etapa 4: Construção do modelo (Figura 8.6):

- Criação de um modelo de treino que redimensionará inicialmente os dados de entrada e, em seguida, uma camada totalmente ligada onde a análise dos dados será efectuada utilizando métodos convolucionais, de pooling e de dropout.
- A função de ativação **ReLU** é utilizada para ativar alguns dos seus neurónios.
- Finalmente, a camada totalmente ligada é criada com um neurónio com uma função de ativação sigmoide que devolve um valor dentro de **[0, 1]**.

8.3 - Resultados e comentários

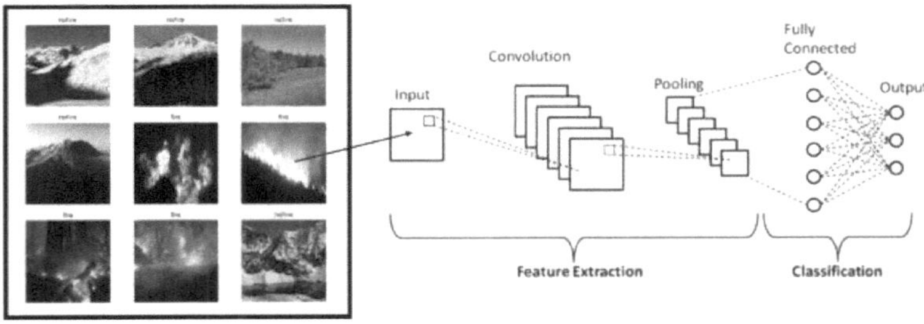


```
model = keras.Sequential([
    keras.layers.experimental.preprocessing.Rescaling(1.0 / 255),
    keras.layers.Conv2D(32, 3, activation = 'relu'),
    keras.layers.MaxPooling2D(),
    keras.layers.Conv2D(64, 3, activation = 'relu'),
    keras.layers.MaxPooling2D(),
    keras.layers.Conv2D(128, 3, activation = 'relu'),
    keras.layers.MaxPooling2D(),
    keras.layers.Flatten(),
    keras.layers.Dense(128, activation = 'relu'),
    keras.layers.Dropout(0.5),
    keras.layers.Dense(1, activation = 'sigmoid')
])
```

Figura 8.6: Utilização da CNN para classificação de imagens (modelo de construção para tarefas complexas).

Etapa 5: Compilar o modelo: Para considerar o **modelo treinável**, este deve ser compilado após a sua construção e é necessário especificar qual o ***optimizador*** que será utilizado para **atualizar os pesos dos neurónios** nas diferentes camadas do modelo. De seguida, deve ser especificada a ***função de perda*** a utilizar (Figura 8.7).

```
model.compile(
    optimizer = keras.optimizers.Adam(learning_rate = 0.001),
    loss = 'binary_crossentropy',
    metrics = ['accuracy']
)
```

```
Model: "sequential_3"
_________________________________________________________________
Layer (type)                Output Shape              Param #
=================================================================
rescaling_3 (Rescaling)     (None, 250, 250, 3)       0

conv2d_6 (Conv2D)           (None, 248, 248, 16)      448

max_pooling2d_6 (MaxPoolin  (None, 124, 124, 16)      0
g2D)

dropout_6 (Dropout)         (None, 124, 124, 16)      0

flatten_3 (Flatten)         (None, 246016)            0

dense_6 (Dense)             (None, 64)                15745088

dense_7 (Dense)             (None, 1)                 65

=================================================================
Total params: 15745601 (60.06 MB)
Trainable params: 15745601 (60.06 MB)
Non-trainable params: 0 (0.00 Byte)
_________________________________________________________________
Epoch 1/10
46/46 - 61s - loss: 2.4692 - acc: 0.8220 - val_loss: 0.4959 - val_acc: 0.9016 - 61s/epoch - 1s/step
Epoch 2/10
46/46 - 49s - loss: 0.2740 - acc: 0.9236 - val_loss: 0.2540 - val_acc: 0.9262 - 49s/epoch - 1s/step
Epoch 3/10
46/46 - 81s - loss: 0.2063 - acc: 0.9311 - val_loss: 0.2211 - val_acc: 0.9399 - 81s/epoch - 2s/step
Epoch 4/10
46/46 - 84s - loss: 0.1152 - acc: 0.9591 - val_loss: 0.2964 - val_acc: 0.9290 - 84s/epoch - 2s/step
Epoch 5/10
46/46 - 55s - loss: 0.0708 - acc: 0.9727 - val_loss: 0.1844 - val_acc: 0.9508 - 55s/epoch - 1s/step
Epoch 6/10
46/46 - 178s - loss: 0.0469 - acc: 0.9843 - val_loss: 0.1801 - val_acc: 0.9481 - 178s/epoch - 4s/step
Epoch 7/10
46/46 - 39s - loss: 0.0350 - acc: 0.9884 - val_loss: 0.1797 - val_acc: 0.9590 - 39s/epoch - 855ms/step
Epoch 8/10
46/46 - 36s - loss: 0.0428 - acc: 0.9877 - val_loss: 0.1994 - val_acc: 0.9481 - 36s/epoch - 791ms/step
Epoch 9/10
46/46 - 36s - loss: 0.0263 - acc: 0.9918 - val_loss: 0.1684 - val_acc: 0.9536 - 36s/epoch - 772ms/step
Epoch 10/10
46/46 - 35s - loss: 0.0168 - acc: 0.9973 - val_loss: 0.1816 - val_acc: 0.9672 - 35s/epoch - 757ms/step
```

Figura 8.7: Resumo do modelo.

Etapa 6: Treinar o modelo: Para **treinar o modelo**, o conjunto de dados de treino, juntamente com as etiquetas, é fornecido ao modelo. Implemente essa parte (Figura 8.8).

```
history = model.fit(
    train_ds,
    validation_data = validation_ds,
    epochs = 5
)

loss = history.history["loss"]
accuracy = history.history["accuracy"]
validation_accuracy = history.history["val_accuracy"]
epochs = range(len(loss))

Epoch 1/5
46/46 [==============================] - 675s 14s/step - loss: 0.4064 - accuracy: 0.8561 - val_loss: 0.2584 - val_accuracy:
0.9454
Epoch 2/5
46/46 [==============================] - 368s 8s/step - loss: 0.1879 - accuracy: 0.9393 - val_loss: 0.1316 - val_accuracy:
0.9699
Epoch 3/5
46/46 [==============================] - 267s 6s/step - loss: 0.1267 - accuracy: 0.9543 - val_loss: 0.1531 - val_accuracy:
0.9590
Epoch 4/5
46/46 [==============================] - 132s 3s/step - loss: 0.1200 - accuracy: 0.9652 - val_loss: 0.1170 - val_accuracy:
0.9672
Epoch 5/5
46/46 [==============================] - 134s 3s/step - loss: 0.0990 - accuracy: 0.9679 - val_loss: 0.1168 - val_accuracy:
0.9699
```

Figura 8.8: Treinar o modelo.

Passo 7: Guardar o modelo: Irá **guardar** o seu modelo para o utilizar mais tarde com outros conjuntos de dados de entrada.

```
model.save('my_model')
```

Passo 8: Carregar o modelo: Carregue o seu modelo utilizando ***a biblioteca Keras.***

Etapa 9: Avaliação do modelo: Nesta etapa, o modelo será **avaliado** para provar que o modelo é fiável. A fiabilidade está relacionada com a *determinação correta dos rótulos das entradas desconhecidas*. Apresente os resultados obtidos com a perda e a precisão do método.

Passo 10: Previsão do modelo (Previsão de etiquetas): Para cada ponto de entrada, o modelo produzirá um valor que varia entre 0 e 1.

Etapa 11: Exibir a previsão:

Loading the model

```
loaded_model = keras.models.load_model('my_model')
```

Evaluating the model

```
test_loss, test_acc = loaded_model.evaluate(test_ds, verbose = 2)
print(f'Test accuracy: {test_acc}')
```

Predicting the model

```
predictions = loaded_model.predict(test_ds)
```

Display predictions

```
print(predictions)
```

```
# Display the Loss curve
plt.figure(1)
plt.plot(epochs, loss)
plt.title("Loss curve")

# Display the accuracy
plt.figure(2)
plt.plot(epochs, accuracy, label = 'Training Accuracy')
plt.plot(epochs, validation_accuracy, label = 'Validation Accuracy')
plt.title("Training and Validation Accuracy")
plt.legend()
```

Display some predictions

```
plt.figure(figsize = (10, 10))

for images, labels in test_ds.take(1):
    for i in range(9):
        ax = plt.subplot(3, 3, i + 1)
        plt.imshow(images[i].numpy().astype("uint8"))
        if int(labels[i]) == 0:
            plt.title("Fire")
        elif int(labels[i]) == 1:
            plt.title("No fire")
        plt.axis("off")
plt.show()
```

Figura 8.9: Guardar; carregar e apresentar algumas previsões.

Resultados (Figuras 8.10 e 8.11):

A exatidão da solução é boa (89% para o conjunto de teste)

```
loss: 0.3226 - accuracy: 0.8824
Perte de test : 0.3226
Précision de test : 88.24%
```

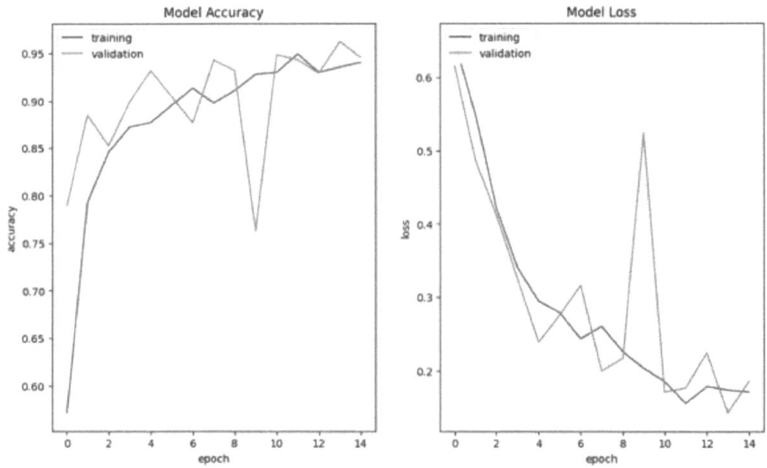

Figura 8.10: Precisão do modelo.

Figura 8.11: Classificação de imagens por CNN.

8.4 - Conclusão

A integração de CNNs com dispositivos robóticos e drones oferece um potencial significativo para melhorar as operações e a qualidade de vida nas cidades inteligentes. Desde a monitorização do tráfego e segurança pública até à manutenção de infra-estruturas e gestão de resíduos, estas tecnologias podem transformar a forma como as cidades funcionam, tornando-as mais eficientes, seguras e sustentáveis.

A integração de redes neuronais convolucionais (CNN) com dispositivos robóticos e drones tem um enorme potencial para melhorar as operações e a qualidade de vida nas cidades inteligentes. Ao tirar partido das capacidades avançadas das CNN, as cidades podem atingir níveis sem precedentes de eficiência, segurança e sustentabilidade. Desde a monitorização do tráfego e segurança pública até à manutenção de infra-estruturas e gestão de resíduos, estas tecnologias oferecem soluções transformadoras que revolucionam a gestão urbana.

As CNN permitem uma análise precisa e em tempo real dos dados visuais, possibilitando medidas proactivas e intervenções atempadas. Por exemplo, na monitorização do tráfego, as CNN podem identificar padrões de congestionamento e prever potenciais pontos de estrangulamento, permitindo estratégias dinâmicas de gestão do tráfego. No domínio da segurança pública, os drones equipados com CNNs podem monitorizar grandes áreas, detetar actividades invulgares e ajudar nos esforços de resposta a emergências, reforçando assim a segurança e reduzindo os tempos de resposta.

Além disso, a aplicação das CNN na manutenção de infra-estruturas assegura a identificação e resolução atempada de problemas como danos estruturais ou desgaste, evitando reparações dispendiosas e aumentando a longevidade dos activos urbanos. Na gestão de resíduos, os drones equipados com CNN podem otimizar as rotas de recolha e identificar locais de despejo ilegais, contribuindo para cidades mais limpas e mais amigas do ambiente.

Em resumo, a sinergia entre CNNs, dispositivos robóticos e drones representa um avanço significativo no desenvolvimento de cidades inteligentes. Estas tecnologias não só melhoram a eficiência operacional como também promovem uma maior qualidade de vida urbana, garantindo a segurança, a sustentabilidade e a gestão proactiva dos recursos da cidade. À medida que as cidades continuam a evoluir, a adoção de soluções baseadas em CNN será uma pedra angular na construção das cidades inteligentes, resilientes e habitáveis do futuro.

8.5 - Referências

1. Goodfellow, I., Bengio, Y., & Courville, A. (2016). *Aprendizagem profunda*. MIT Press.
2. LeCun, Y., Bengio, Y., & Hinton, G. (2015). "Aprendizagem profunda". *Nature*, 521(7553), 436-444.
3. Redmon, J., Divvala, S., Girshick, R., & Farhadi, A. (2016). "Você só olha uma vez: deteção de objetos unificada e em tempo real". *Actas da Conferência do IEEE sobre Visão por Computador e Reconhecimento de Padrões* (CVPR), 779-788.
4. Krizhevsky, A., Sutskever, I., & Hinton, G. E. (2012). "Classificação ImageNet com redes neurais convolucionais profundas". *Avanços nos sistemas de processamento de informações neurais*, 1097-1105.
5. Szegedy, C., Liu, W., Jia, Y., Sermanet, P., Reed, S., Anguelov, D., Erhan, D., Vanhoucke, V., & Rabinovich, A. (2015). "Indo mais fundo com convoluções". *Actas da Conferência do IEEE sobre Visão por Computador e Reconhecimento de Padrões* (CVPR), 1-9.
6. Howard, A. G., Zhu, M., Chen, B., Kalenichenko, D., Wang, W., Weyand, T., Andreetto, M., & Adam, H. (2017). "MobileNets: Redes Neurais Convolucionais Eficientes para Aplicações de Visão Móvel". *arXiv preprint arXiv: 1704.04861.*
7. Zhu, X., Zhao, C., Wang, J., & Liu, C. (2018). "Integração de Drones e Redes Neurais Convolucionais para Vigilância e Segurança em Cidades Inteligentes". *Jornal de Engenharia de Automação e Controlo*, 6(1), 32-37.

Capítulo 9

Deteção abrangente em aplicações para cidades inteligentes

A deteção abrangente representa uma abordagem de ponta para melhorar a navegação e o mapeamento em ambientes complexos, proporcionando aplicações valiosas tanto na aeronáutica como na robótica. Este método integrado aproveita as capacidades das redes neuronais e das técnicas de processamento de sinais para otimizar o desempenho e a eficiência dos sistemas inteligentes, em particular no contexto dinâmico das cidades inteligentes.

A deteção por compressão visa a deteção a baixa resolução e a captação direta das partes importantes de um sinal, permitindo assim a utilização de sensores muito mais simples e baratos (Figura 7.1).

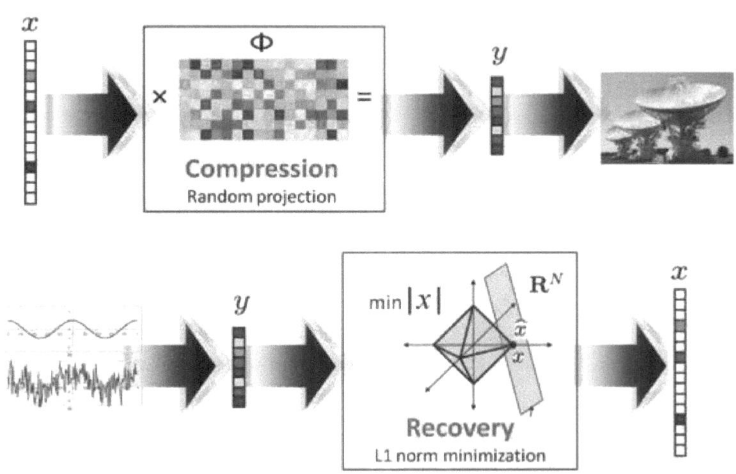

Figura 9.1: Conceito de deteção compressiva.

No domínio das cidades inteligentes, a integração de tecnologias de deteção avançadas é crucial para otimizar as infra-estruturas urbanas e melhorar a qualidade de vida dos residentes. A deteção abrangente, que combina modelos de redes neuronais e técnicas de processamento de sinais, desempenha um papel fundamental nesta transformação. Ao melhorar a navegação e o mapeamento em ambientes complexos, esta abordagem oferece aplicações práticas em vários domínios, incluindo a mobilidade urbana e a monitorização ambiental.

9.1 - Perceptron e Compressive Sensing em Cidades Inteligentes

9.1.1 - Perceptron

- **Descrição**: O perceptron é um tipo de ***modelo de rede neural*** simples que processa entradas ponderadas para produzir uma saída binária. É amplamente utilizado em sistemas de controlo para tarefas de tomada de decisões binárias.
- **Utilização prática**: No contexto de uma cidade inteligente, um perceptron pode ser utilizado para controlar veículos autónomos. Por exemplo, pode ajustar a aceleração de um autocarro elétrico com base nas condições de tráfego em tempo real, melhorando a eficiência energética e reduzindo o congestionamento. Do mesmo modo, em robôs de limpeza de ruas, pode facilitar a navegação através de espaços urbanos apinhados, tomando decisões rápidas para evitar obstáculos.

9.1.2 - Sensoriamento compressivo

- **Descrição**: O sensoriamento compressivo é uma técnica de processamento de sinais que permite a ***reconstrução eficiente de sinais*** a partir de dados subamostrados. Isto é particularmente valioso quando a aquisição de dados é escassa ou dispendiosa.
- **Utilização prática**: Em cidades inteligentes, a deteção compressiva pode ser aplicada em SLAM (Simultaneous Localization and Mapping) utilizando redes de sensores como o LIDAR. Por exemplo, na monitorização da qualidade do ar, pode reconstruir mapas de distribuição de poluentes a partir de um número limitado de leituras de sensores. No planeamento urbano, pode ajudar a criar mapas pormenorizados das infra-estruturas da cidade utilizando dados de um conjunto reduzido de varrimentos LIDAR. Nos dispositivos robóticos, pode reconstruir mapas de ambientes com obstáculos a partir de dados de sensores com amostragem insuficiente.

9.2 - Reconstrução esparsa com ruído em dispositivos de robótica

A reconstrução esparsa em robótica envolve o processo de reconstrução eficiente de mapas ou sinais a partir de um conjunto limitado de observações, o que é particularmente útil quando se lida com dados ruidosos. Esta técnica tira partido de algoritmos avançados, como o Compressive Sensing e a regressão Lasso, para reconstruir com precisão ambientes ou sinais a partir de dados com pouca amostragem e ruidosos, melhorando assim o desempenho e a fiabilidade dos sistemas robóticos.

A reconstrução esparsa com ruído em robótica é uma abordagem poderosa que melhora as capacidades dos sistemas robóticos para operarem eficientemente em ambientes complexos e com recursos limitados. Tirando partido de técnicas como a deteção compressiva e a regressão Lasso, os robôs podem obter um mapeamento e uma navegação precisos, mesmo com dados limitados e ruidosos, abrindo caminho para sistemas autónomos mais avançados e fiáveis.

9.2.1 Conceitos-chave

- **Compressive Sensing**: Um método de processamento de sinais que reconstrói sinais a partir de um número muito menor de amostras do que o tradicionalmente necessário. É particularmente eficaz em ambientes onde a aquisição de dados é dispendiosa ou difícil.
- **Regressão Lasso**: Um tipo de regressão linear que efectua a seleção de variáveis e a regularização para melhorar a precisão da previsão e a interpretabilidade do modelo, especialmente útil para a reconstrução de dados esparsos.

Os robôs móveis e os veículos inteligentes partilham muitas semelhanças, pois ambos utilizam tecnologias avançadas para navegar e executar tarefas de forma autónoma. Os robôs móveis, frequentemente utilizados em ambientes interiores como armazéns e fábricas, utilizam sensores, LIDAR e câmaras para mapear o seu ambiente, evitar obstáculos e completar missões específicas. Os veículos inteligentes, concebidos para utilização no exterior, incorporam tecnologias semelhantes para navegação e segurança, incluindo GPS, radar e sistemas avançados de assistência ao condutor (ADAS).

Ambos os sistemas dependem da inteligência artificial e dos algoritmos de aprendizagem automática para processar os dados dos sensores, tomar decisões em tempo real e melhorar o desempenho ao longo do tempo. A convergência destas tecnologias realça o seu objetivo comum de conseguir um funcionamento autónomo, quer em ambientes interiores estruturados quer no ambiente dinâmico das estradas e auto-estradas (Figura 9.2).

Figura 9.2: Veículos inteligentes.

9.2.2 Aplicações em veículos inteligentes

1. **Localização e mapeamento simultâneos (SLAM)**: A deteção por compressão é aplicada no SLAM para reconstruir mapas de ambientes utilizando dados de sensores como o LIDAR, mesmo quando os dados são ruidosos ou têm pouca amostragem. Isto aumenta a capacidade de um veículo inteligente para navegar e compreender o que o rodeia com menos recursos.
2. **Navegação autónoma**: Os veículos inteligentes, como os drones e os veículos inteligentes, utilizam técnicas de reconstrução esparsa para navegar em ambientes complexos, criando mapas exactos a partir de dados de sensores incompletos e ruidosos. Isto permite um planeamento eficiente do caminho e a prevenção de obstáculos.
3. **Monitorização ambiental**: A reconstrução esparsa ajuda a criar modelos ambientais detalhados a partir de leituras limitadas de sensores, o que é crucial para aplicações como a monitorização da qualidade do ar e a resposta a catástrofes em cidades inteligentes.

9.3 - Veículo Inteligente equipado com um sensor LIDAR a navegar - Exemplo

Considere um robô móvel equipado com um sensor LIDAR a navegar num ambiente com obstáculos esparsos. O robô recolhe medições LIDAR com ruído e utiliza o SLAM com deteção compressiva para construir um mapa do seu ambiente e estimar a sua pose. A regressão

Lasso é utilizada para reconstruir o mapa esparso de forma eficiente a partir dos dados ruidosos (Figura 9.3).

```
"""Sparse Reconstruction with Noise in Robotics"""

# Generate a sparse signal representing robot joint positions
np.random.seed(0)
signal_length = 100
sparse_signal = np.zeros(signal_length)
sparse_signal[[10, 30, 50, 70, 90]] = np.random.rand(5) * 10

# Generate a random sensing matrix
num_measurements = 30
sensing_matrix = np.random.randn(num_measurements, signal_length)

# Generate noisy measurements
noise_level = 0.5
noise = np.random.normal(0, noise_level, num_measurements)
noisy_measurements = np.dot(sensing_matrix, sparse_signal) + noise

# Reconstruct the sparse signal using L1-norm minimization (Lasso)
lasso = Lasso(alpha=0.1)  # Lasso regression model
lasso.fit(sensing_matrix, noisy_measurements)  # Fit the model to noisy measurements
reconstructed_signal = lasso.coef_

# Plot the original sparse signal, noisy measurements, and reconstructed signal
plt.figure(figsize=(12, 6))
plt.subplot(3, 1, 1)
plt.stem(sparse_signal, linefmt='b-', markerfmt='bo', basefmt=' ')
plt.title('Original Sparse Signal')
plt.subplot(3, 1, 2)
plt.stem(noisy_measurements, linefmt='g-', markerfmt='go', basefmt=' ')
plt.title('Noisy Measurements')
plt.subplot(3, 1, 3)
plt.stem(reconstructed_signal, linefmt='r-', markerfmt='ro', basefmt=' ')
plt.title('Reconstructed Signal')
plt.tight_layout()
plt.show()
```

Figura 9.3: Programa de deteção compressiva.

O mapa resultante mostra o ambiente real, as medições ruidosas do LIDAR e o mapa reconstruído utilizando a deteção compressiva, demonstrando a eficácia da técnica no tratamento de dados esparsos e ruidosos (Figura 9.3).

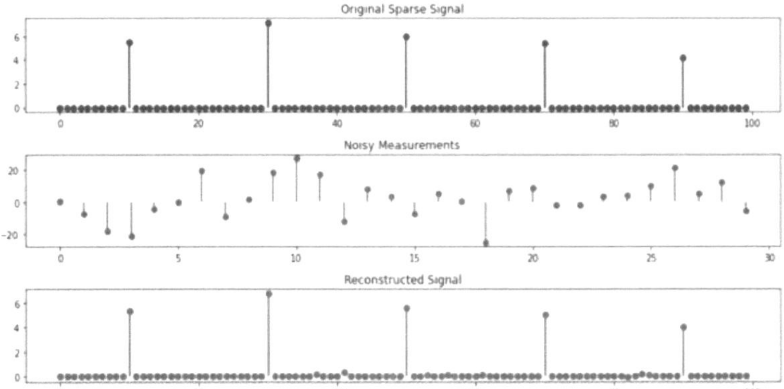

Figura 9.4: Programa de deteção compressiva - resultado.

9.3.1 Desafios e direcções futuras

- **Tratamento do ruído: Lidar eficazmente com o ruído nos dados dos sensores continua a ser um desafio significativo. Estão continuamente a ser desenvolvidas técnicas avançadas de filtragem e redução de ruído para melhorar a precisão da reconstrução.**
- **Não-linearidades nos dados dos sensores: A abordagem das não-linearidades e outras complexidades nas medições dos sensores é crucial para aumentar a robustez dos métodos de reconstrução esparsos.**
- **Escalabilidade: O escalonamento destas técnicas para ambientes grandes e dinâmicos requer mais investigação e desenvolvimento, garantindo que podem ser aplicadas a cenários do mundo real em cidades inteligentes e não só.**

9.4 - Simulação de um veículo inteligente com aplicação de deteção compressiva em SLAM

O SLAM é um problema fundamental nos veículos inteligentes, em que um robot explora um ambiente desconhecido, constrói um mapa do ambiente e, simultaneamente, localiza-se nesse mapa.

Um veículo inteligente equipado com vários sensores (como câmaras, LIDAR ou sensores de profundidade) capta dados sobre o que o rodeia. Estes sensores geram uma grande quantidade de dados, mas nem todos são necessários para um mapeamento e localização exactos.

Utilizando a deteção compressiva, o robô pode escolher eficientemente um subconjunto de medições (por exemplo, dados selecionados do LIDAR ou da câmara) para criar um mapa preciso do ambiente e localizar-se, reduzindo a complexidade computacional e a utilização de memória.

Neste exemplo, assumimos um veículo inteligente equipado com um sensor LIDAR que recolhe medições e efectua SLAM (Simultaneous Localization and Mapping) utilizando a deteção compressiva para construir um mapa do seu ambiente e estimar a sua pose. Os obstáculos simulados no ambiente são esparsos e o robô utiliza a deteção compressiva, especificamente a regressão Lasso, para reconstruir o mapa esparso de forma eficiente a partir de medições LIDAR ruidosas.

O gráfico resultante mostra o mapa verdadeiro, as medições LIDAR com ruído e o mapa reconstruído utilizando a deteção compressiva. Abaixo está um exemplo simplificado utilizando a linguagem Python, onde vamos simular um robô a mover-se num ambiente com obstáculos e demonstrar o processo de reconstrução do mapa através da regressão Lasso.

9.4.1 Etapas do procedimento

1. Inicialização do ambiente: Criação de um mapa esparso aleatório que representa os obstáculos no ambiente.

2. Movimento do robô e medições LIDAR:
   - O robô desloca-se no ambiente e, a cada passo, efectua uma medição LIDAR.
   - Adicionamos ruído às medições LIDAR para simular o cenário do mundo real.

3. Sensoriamento compressivo com regressão Lasso:
   - Utilizamos a regressão Lasso para reconstruir o mapa esparso a partir das medições LIDAR com ruído.
   - A regressão Lasso ajuda a promover a esparsidade no mapa.
4. Traçado:
   Visualizamos o mapa verdadeiro, as medições LIDAR e o mapa reconstruído.

9.4.2 Passos recomendados para a implementação:

Passo 1: Importar as bibliotecas Python.

```
#import numpy as np
import matplotlib.pyplot as plt
import numpy as np
from sklearn.linear_model import Lasso
from scipy.sparse import random
```

Passo 2: Inicialização do ambiente.

- Parâmetros de simulação
- Criar um mapa esparso aleatório com obstáculos.

```
# Simulation parameters
grid_size = 20  # Size of the environment grid
obstacle_density = 0.1  # Density of obstacles in the environment
robot_step_size = 1  # Distance the robot moves in each step

# Create a random sparse map with obstacles
true_map = random(grid_size, grid_size, density=obstacle_density, format='lil', random_state=42)
true_map = true_map.toarray()
```

Etapa 3: Movimento do robô e medições LIDAR.
- Inicializar a posição do robô.
- Simular o movimento do robô e as medições LIDAR.

```
# Create a random sparse map with obstacles
true_map = random(grid_size, grid_size, density=obstacle_density, format='lil', random_state=42)
true_map = true_map.toarray()

# Initialize robot position
robot_position = np.array([0, 0])

# Simulate robot movement and LIDAR measurements
num_steps = 20
lidar_noise_std = 0.1  # Standard deviation of LIDAR measurement noise

lidar_measurements = []
for _ in range(num_steps):
    # Simulate LIDAR measurements
    lidar_measurement = true_map[int(robot_position[0]), int(robot_position[1])] + np.random.normal(scale=lidar_noise_std)
    lidar_measurements.append(lidar_measurement)

    # Move the robot
    robot_position[0] += robot_step_size
    robot_position[1] += robot_step_size
```

Passo 4: Reformular as medições LIDAR e efetuar a deteção por compressão.

- Reformular as medições para a regressão Lasso.
- Efetuar a deteção compressiva utilizando a regressão Lasso para reconstruir o mapa.

```
# Reshape the measurements for Lasso regression
lidar_measurements = np.array(lidar_measurements).reshape(-1, 1)

# Perform compressive sensing using Lasso regression to reconstruct the map
lasso = Lasso(alpha=0.01)  # Adjust alpha for sparsity control
lasso.fit(np.eye(num_steps), lidar_measurements)
reconstructed_map = lasso.coef_.reshape((num_steps, 1))
```

Passo 5: Traçar três subparcelas.

- Mapa verdadeiro: O mapa original (cenário) com obstáculos.
- Medições LIDAR: As medições LIDAR simuladas com ruído adicionado.
- Mapa Reconstruído: O mapa reconstruído utilizando a deteção por compressão (Figura 9.5).

```
# Plotting
plt.figure(figsize=(15, 5))

plt.subplot(131)
plt.imshow(true_map, cmap='gray', interpolation='nearest')
plt.title('True Map')
plt.colorbar()

plt.subplot(132)
plt.plot(lidar_measurements, 'o-', label='Noisy LIDAR Measurements')
plt.title('LIDAR Measurements')
plt.xlabel('Time Steps')
plt.ylabel('Measurement Value')
plt.legend()

plt.subplot(133)
plt.imshow(reconstructed_map, cmap='gray', interpolation='nearest')
plt.title('Reconstructed Map')
plt.colorbar()

plt.tight_layout()
plt.show()
```

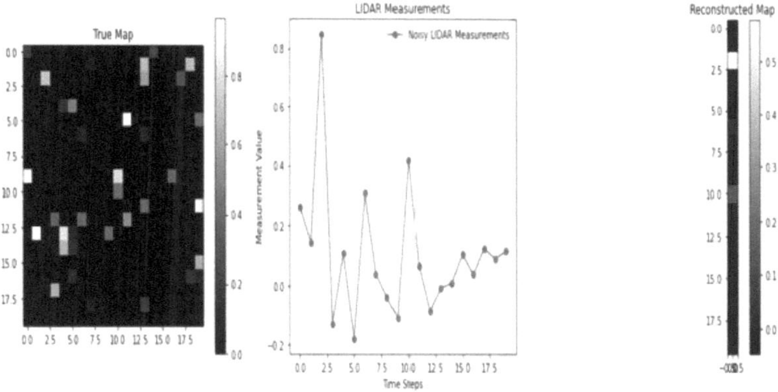

Figura 9.5: Mapa de reconstrução.

9.5 - Aplicação de deteção compressiva em SLAM por drone quadcopter

A implementação de uma aplicação de drone quadcopter com Compressive Sensing em Localização e Mapeamento Simultâneos (SLAM) envolve princípios semelhantes aos do exemplo anterior com um robô móvel; eis um exemplo concetual utilizando Python que se centra no movimento do drone, nas medições LIDAR e na aplicação da regressão Lasso para reconstrução de mapas, embora seja altamente simplificado e possa não representar com precisão um cenário do mundo real, uma vez que uma implementação mais realista envolveria o tratamento do ruído, a abordagem da não linearidade nas medições LIDAR e a consideração de um ambiente mais complexo.

Neste exemplo, isto fornecerá uma representação visual do caminho do drone no ambiente 3D (incluindo um gráfico de linhas que representa a trajetória do drone) e dos obstáculos (Figura 9.6).

- O trajeto do drone é representado por esferas azuis e os obstáculos são representados por cubos vermelhos.
- Ajuste os parâmetros e o estilo de visualização conforme necessário para o seu cenário específico.

9.5.1 Passos do procedimento:

1. Definição dos parâmetros de simulação.
2. Criar um mapa esparso aleatório com obstáculos (ambiente 2D).
3. Inicializar a posição do drone.
4. Armazenar a trajetória do drone.
5. Obter as coordenadas do obstáculo.
6. Traçado
   a) Obstáculos
   b) Trajetória do drone e trajetória da loja
   c) Definir etiquetas e gráficos de títulos

Figura 9.6: Aplicação Quadcopter.

9.5.2 Parte 1: Implementação de uma aplicação de drone quadcopter com SLAM

A implementação de uma aplicação de drone quadcopter com Compressive Sensing em Simultaneous Localization and Mapping (SLAM) envolve princípios semelhantes aos do exemplo anterior com um robô móvel; eis um exemplo concetual utilizando Python que se centra no movimento do drone, nas medições LIDAR e na aplicação da regressão Lasso para reconstrução de mapas.

Objetivo: Implementar a deteção compressiva na Localização e Mapeamento Simultâneos com um exemplo muito simplificado de reconstrução de mapas utilizando um modelo de regressão Lasso com dados LIDAR.

9.5.3 Etapas do procedimento

1. Inicialização do ambiente: Gera um mapa esparso aleatório com obstáculos que representam o ambiente 2D.

2. Movimento do drone e medições LIDAR: Simula o movimento do drone no ambiente, efectuando medições LIDAR em cada passo e adicionando ruído às medições.

3. Reformular as medições LIDAR e a deteção por compressão com regressão Lasso:
- Reformula as medições LIDAR num vetor de coluna.
- Utiliza a regressão Lasso (***sklearn.linear model.Lasso***) para efetuar a deteção compressiva e reconstruir o mapa esparso.

4. Plotagem:
- **Mapa verdadeiro (subparcela 1):** Representa o mapa verdadeiro do terreno com obstáculos utilizando um gráfico 3D.
- **Medições LIDAR (subparcela 2):** Mostra as medições do LIDAR ao longo do tempo.
- **Mapa Reconstruído (subparcela 3):** Apresenta o mapa reconstruído utilizando a deteção por compressão.

9.5.4 Passos recomendados para a implementação:

Passo 1: Importar as bibliotecas Python.

```
import matplotlib.pyplot as plt
import numpy as np
from sklearn.linear_model import Lasso
from scipy.sparse import random
```

Passo 2: Inicialização do ambiente.
- Parâmetros de simulação
- Criar um mapa esparso aleatório com obstáculos (ambiente 2D).

Etapa 3: Movimento do robô e medições LIDAR.
- Inicializar a posição do drone.
- Simular o movimento do drone e as medições LIDAR.
- Deslocar o drone.

Passo 4: Reformular as medições LIDAR e efetuar a deteção por compressão.
- Reformular as medições para a regressão Lasso.

- Efetuar a deteção compressiva utilizando a regressão Lasso para reconstruir o mapa.

Passo 5: Traçar três subparcelas.

- **Mapa verdadeiro:** O mapa original (cenário) com obstáculos.
- **Medições LIDAR:** As medições LIDAR simuladas com ruído adicionado.
- **Mapa reconstruído:** O mapa reconstruído utilizando a deteção compressiva.

- **Definição das funções da *classe DroneSLAM (Figura 9.7)*:**
    - **Init**
    - **simular_medições_lidar**
    - **mover_drone**
    - **aplicar_regressão_lasso**
    - **plotar_resultados**
    - **principal**

```
import matplotlib.pyplot as plt
import numpy as np
from sklearn.linear_model import Lasso
from scipy.sparse import random

class DroneSLAM:
    def __init__(self, grid_size, obstacle_density, robot_step_size, num_steps, lidar_noise_std):
        self.grid_size = grid_size
        self.obstacle_density = obstacle_density
        self.robot_step_size = robot_step_size
        self.num_steps = num_steps
        self.lidar_noise_std = lidar_noise_std
        self.true_map = random(grid_size, grid_size, density=obstacle_density, format='lil', random_state=42).toarray()
        self.robot_position = np.array([0, 0])

    def simulate_lidar_measurements(self):
        lidar_measurements = []
        for _ in range(self.num_steps):
            # Simulate LIDAR measurements
            lidar_measurement = self.true_map[int(self.robot_position[0]), int(self.robot_position[1])]
                                + np.random.normal(scale=self.lidar_noise_std)
            lidar_measurements.append(lidar_measurement)

            # Move the drone
            self.move_drone()

        return np.array(lidar_measurements).reshape(-1, 1)

    def move_drone(self):
        # Move the drone
        a = np.random.randint(0,1)
        if a == 0:
            self.robot_position[0] += self.robot_step_size
        else:
            self.robot_position[1] += self.robot_step_size

    def apply_lasso_regression(self, lidar_measurements):
        # Perform compressive sensing using Lasso regression to reconstruct the map
        lasso = Lasso(alpha=0.01)  # Adjust alpha for sparsity control
        lasso.fit(np.eye(self.num_steps), lidar_measurements)
        return lasso.coef_.reshape((self.num_steps, 1)) #reshape to a column ?

    def plot_results(self, lidar_measurements, reconstructed_map):
        # Plotting
        plt.figure(figsize=(15, 5))

        plt.subplot(131)
        plt.imshow(self.true_map, cmap='gray', interpolation='nearest')
        plt.title('True Map')
        plt.colorbar()

        plt.subplot(132)
        plt.plot(lidar_measurements, 'o-', label='Noisy LIDAR Measurements')
        plt.title('LIDAR Measurements')
        plt.xlabel('Time Steps')
        plt.ylabel('Measurement Value')
        plt.legend()

        plt.subplot(133)
        plt.imshow(reconstructed_map, cmap='gray', interpolation='nearest')
        plt.title('Reconstructed Map')
        plt.colorbar()

        plt.tight_layout()
        plt.show()

def main():
    # Simulation parameters
    grid_size = 20
    obstacle_density = 0.1
    robot_step_size = 1
    num_steps = 20
    lidar_noise_std = 0.1

    drone_slam = DroneSLAM(grid_size, obstacle_density, robot_step_size, num_steps, lidar_noise_std)

    lidar_measurements = drone_slam.simulate_lidar_measurements()
    reconstructed_map = drone_slam.apply_lasso_regression(lidar_measurements)

    drone_slam.plot_results(lidar_measurements, reconstructed_map)

if __name__ == "__main__":
    main()
```

Figura 9.7: Drone quadcopter com programa de implementação SLAM.

Este código simula uma aplicação de Compressive Sensing (CS) através de um exemplo de reconstrução de um mapa ambiental utilizando um drone equipado com LIDAR (Light Detection and Ranging).

Um conjunto de medições LIDAR é simulado com obstáculos, é adicionado ruído e, em seguida, é selecionado um subconjunto aleatório destas medições para a deteção compressiva. Foi utilizado um modelo Lasso (minimização da norma L1) para reconstruir o mapa ambiental a partir destas medições (Figura 9.8).

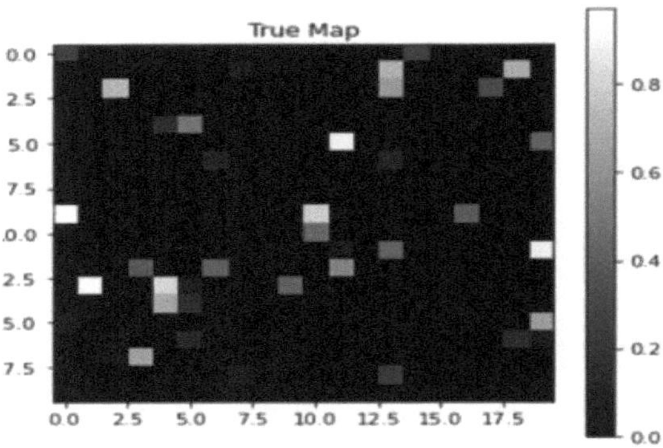

a) Geração de ambiente 2D.

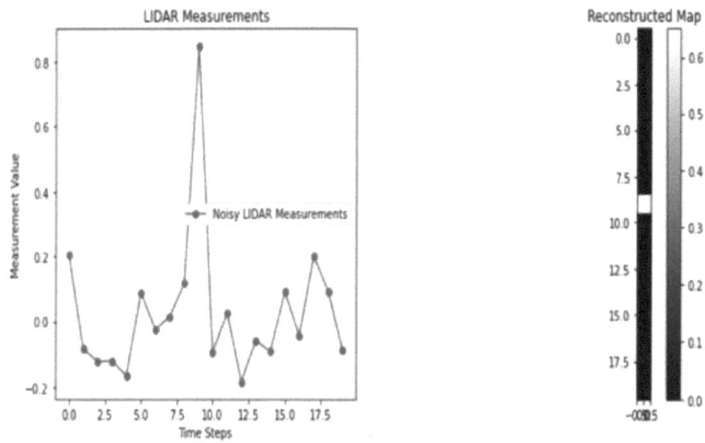

b) Deteção do ambiente com o LIDAR

Figura 9.8 Drone quadcopter com SLAM - resultados da simulação.

Parte 2: Visualização do ambiente 3D do drone com obstáculos, utilizando um gráfico de dispersão 3D

```
# Simulation parameters
grid_size = 20  # Size of the environment grid
obstacle_density = 0.1  # Density of obstacles in the environment
drone_step_size = 1  # Distance the drone moves in each step

# Create a random sparse map with obstacles (2D environment)
true_map = np.random.choice([0, 1], size=(grid_size, grid_size), p=[1 - obstacle_density, obstacle_density])

# Initialize drone position
drone_position = np.array([0, 0])
drone_height = 0

# Store drone trajectory
drone_trajectory = [drone_position.copy()]

# Get obstacle coordinates
obstacle_coordinates = np.argwhere(true_map == 1)

# Plotting
fig = plt.figure(figsize=(10, 10))
ax = fig.add_subplot(111, projection='3d')

# Plot obstacles
ax.scatter(obstacle_coordinates[:, 0], obstacle_coordinates[:, 1], np.zeros_like(obstacle_coordinates[:, 0]),
           c='r', marker='s', s=100, label='Obstacles')

# Plot drone path and store trajectory
for _ in range(30):
    ax.scatter(drone_position[0], drone_position[1], drone_height, c='b', marker='o', s=50)
    a = np.random.randint(2)
    if a == 0:
        drone_position[0] += drone_step_size
    else:
        drone_position[1] += drone_step_size
    drone_trajectory.append(drone_position.copy())

# Plot drone trajectory
drone_trajectory = np.array(drone_trajectory)
ax.plot(drone_trajectory[:, 0], drone_trajectory[:, 1], np.ones_like(drone_trajectory[:, 0]) * drone_height, c='g',
        label='Drone Trajectory')

# Set labels
ax.set_xlabel('X-axis')
ax.set_ylabel('Y-axis')
ax.set_zlabel('Height')

# Set title
ax.set_title('3D Environment with Drone Path and Obstacles')
ax.legend()

plt.show()
```

Figura 9.9: Navegação e mapeamento autónomo de drones - programa de visualização 3D.

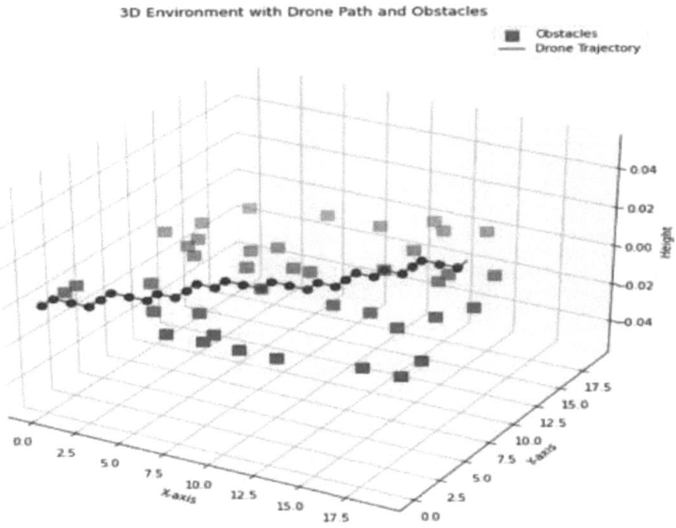

Figura 9.10: ***Visualização do ambiente 3D a partir da perceção do drone.***

9.6 - Navegação e mapeamento autónomos por drones em ambientes urbanos - Exemplo

Objetivo: Utilizar um perceptron para ajustar a velocidade de um drone autónomo com base nas velocidades desejadas e actuais, e utilizar a deteção compressiva com dados LIDAR para um mapeamento ambiental eficiente.

9.6.1 - Descrição passo a passo:

1. **Inicialização do ambiente**: Criar um mapa urbano detalhado com vários obstáculos (como edifícios e árvores).
2. **Controlo do drone com Perceptron**: Implementar o perceptron como controlador para gerir os ajustes de velocidade do drone em tempo real, garantindo uma navegação segura e eficiente.
3. **Captura de dados LIDAR**: Instalar sensores LIDAR no drone para recolher dados sobre o ambiente circundante, incluindo obstáculos estáticos e dinâmicos.
4. **Sensoriamento compressivo para reconstrução de mapas**: Utilizar técnicas de deteção compressiva, especificamente a regressão Lasso, para reconstruir um mapa abrangente do ambiente urbano a partir dos dados LIDAR subamostrados.
5. **Visualização de resultados**: Apresentar resultados gráficos que mostrem o mapa urbano atual, os dados LIDAR em bruto e o mapa reconstruído para análise e validação.

9.6.2 - Resultados esperados:

- O perceptron ajusta eficazmente a velocidade do drone em resposta aos obstáculos detectados, assegurando uma navegação suave.
- A deteção por compressão reconstrói com precisão o mapa do ambiente urbano, demonstrando uma elevada eficiência mesmo com dados limitados.

9.7 - Conclusão

Ao aproveitar as capacidades do controlo baseado em perceptron e da deteção por compressão, as iniciativas de cidades inteligentes podem melhorar significativamente as soluções de mobilidade urbana e os sistemas de monitorização ambiental. Esta abordagem integrada não só melhora a eficiência operacional como também reduz os custos e as complexidades associadas à aquisição e ao processamento de dados, conduzindo a infra-estruturas urbanas mais inteligentes e reactivas.

Os sistemas de controlo baseados em Perceptron fornecem uma estrutura robusta para gerir e otimizar a mobilidade urbana. Ao utilizar modelos avançados de redes neuronais, as cidades podem implementar a gestão do tráfego em tempo real, a manutenção preditiva das infra-estruturas de transportes e o encaminhamento dinâmico dos sistemas de transportes públicos. Estas aplicações contribuem para reduzir o congestionamento, diminuir as emissões e melhorar a eficiência global dos transportes.

A deteção por compressão, por outro lado, oferece uma abordagem transformadora à monitorização ambiental. Esta técnica permite a recolha de dados de elevada fidelidade utilizando menos sensores, reduzindo significativamente os encargos financeiros e logísticos normalmente associados à utilização generalizada de sensores. O resultado é uma monitorização mais precisa e abrangente da qualidade do ar, dos níveis de ruído e de outros parâmetros ambientais críticos, permitindo intervenções atempadas e decisões políticas informadas.

Em conjunto, o controlo baseado no perceptron e a deteção por compressão criam um efeito sinérgico, promovendo o desenvolvimento de aplicações para cidades inteligentes que são simultaneamente rentáveis e de elevado desempenho. Estas tecnologias permitem que os planeadores urbanos e os decisores políticos construam cidades que são não só mais eficientes e sustentáveis, mas também mais resistentes e adaptáveis a desafios futuros. medida que as cidades inteligentes continuam a evoluir, a integração destas metodologias avançadas de deteção e controlo será crucial para impulsionar a inovação e melhorar a qualidade de vida urbana.

9.8 - Referências

1. **Candes, E. J., & Wakin, M. B.** (2008). "Uma introdução à amostragem compressiva". *Revista IEEE Signal Processing*, 25(2), 21-30.
2. **Donoho, D. L.** (2006). "Compressed Sensing". *IEEE Transactions on Information Theory*, 52(4), 1289-1306.
3. **Haykin, S.** (1999). *Redes Neurais: A Comprehensive Foundation*. Prentice Hall.
4. **Zhang, H., & Mattern, F.** (2019). "Cidades inteligentes: Uma Pesquisa sobre Sensoriamento Abrangente". *Sensors*, 19(10), 2266.
5. **Balakrishna, C., & Jalali, R.** (2016). "Cidade inteligente: Planeamento urbano utilizando controlo preditivo". *IEEE Internet of Things Journal*, 3(6), 1085-1092.
6. **Chen, J., Li, K., & Wu, D.** (2017). "Aplicações de redes neurais em cidades inteligentes: A Survey". *IEEE Access*, 5, 26182-26195.

7. **Kumar, N., & Rathore, M. M.** (2016). "Abordagem orientada por dados para o planejamento de cidades inteligentes usando aprendizado de máquina e IoT". *Journal of Reliable Intelligent Environments*, 2(3), 157-165.

8. **Li, L., & Tian, F.** (2020). "Gestão de tráfego em tempo real em cidades inteligentes usando técnicas de aprendizagem profunda". *IEEE Transactions on Intelligent Transportation Systems*, 21(1), 32-42.

Capítulo 10

Conclusões e perspectivas

Este capítulo conclui a nossa viagem pelo mundo multifacetado do desenvolvimento urbano baseado em dados. Ao fornecermos ideias práticas e exemplos pormenorizados, esperamos ter dotado os leitores dos conhecimentos e ferramentas necessários para contribuírem para a transformação em curso dos ambientes urbanos em cidades inteligentes, sustentáveis e resilientes.

10.1 - Conclusões

Neste capítulo final, sintetizámos as principais ideias e conclusões da nossa exploração do desenvolvimento urbano baseado em dados e da implementação de cidades inteligentes. Ao longo deste livro, examinámos uma série de tecnologias e metodologias que estão a moldar o futuro dos ambientes urbanos. A nossa atenção centrou-se em aplicações práticas e exemplos do mundo real para ilustrar como estas inovações podem ser efetivamente implementadas.

Um dos temas centrais tem sido o papel crítico dos dados na condução de iniciativas de cidades inteligentes. Desde a utilização de APIs e bases de dados relacionais até à implementação de modelos de aprendizagem automática e redes neuronais, os dados servem de base para a tomada de decisões inteligentes e para uma gestão urbana eficiente. Demonstrámos como estas tecnologias podem ser aproveitadas para enfrentar vários desafios urbanos, incluindo o congestionamento do tráfego, a monitorização ambiental, a manutenção de infra-estruturas e a segurança pública.

Além disso, salientámos a importância da integração de diferentes soluções tecnológicas para criar sistemas urbanos coesos e com capacidade de resposta. A sinergia entre o processamento de dados em tempo real, a análise avançada e os sistemas de controlo automatizados permite que as cidades se tornem mais adaptáveis e resistentes. Os nossos estudos de caso e exemplos práticos sublinharam o potencial destas abordagens integradas para melhorar a qualidade de vida dos residentes urbanos.

10.2 - Perspectivas

Olhando para o futuro, o futuro das cidades inteligentes é imensamente promissor. À medida que a tecnologia continua a avançar, podemos esperar inovações ainda maiores no desenvolvimento urbano orientado por dados. A evolução contínua da inteligência artificial, da Internet das Coisas (IoT) e da conetividade 5G irá melhorar ainda mais as capacidades dos sistemas de cidades inteligentes. Estes avanços permitirão uma gestão mais precisa e proactiva dos recursos urbanos, conduzindo a uma maior sustentabilidade e eficiência.

Uma das áreas-chave para a investigação e desenvolvimento futuros é a integração de considerações éticas e de princípios de conceção centrados no ser humano em iniciativas de cidades inteligentes. Garantir a privacidade, a segurança e a inclusão será fundamental à medida que continuamos a aproveitar o poder dos dados e da tecnologia. Além disso, a promoção da colaboração entre várias partes interessadas, incluindo agências governamentais, empresas privadas e o público, será essencial para a implementação bem sucedida de projectos de cidades inteligentes.

Outra direção promissora é a expansão dos conceitos de cidade inteligente a cidades mais pequenas e a zonas rurais. Ao adaptar estas tecnologias a diferentes contextos, podemos criar soluções inteligentes mais equitativas e inclusivas que beneficiem um leque mais alargado de comunidades. As lições aprendidas nas grandes áreas metropolitanas podem servir como guias valiosos para o desenvolvimento de quadros de cidades inteligentes adaptáveis e expansíveis.

10.3 - Revisitação de estudos de caso

Revisitando os estudos de caso apresentados ao longo deste livro, podemos ver o impacto tangível das abordagens baseadas em dados no desenvolvimento urbano. Estes estudos de caso forneceram exemplos concretos de como as tecnologias das cidades inteligentes podem ser aplicadas para resolver problemas do mundo real. Ao analisar os sucessos e os desafios encontrados nestes projectos, podemos obter informações valiosas que podem servir de base a iniciativas futuras.

Por exemplo, a implementação de interfaces homem-máquina (IHM) em vários contextos, como o Tour de France e as padarias artesanais francesas, demonstrou a versatilidade e a eficácia da conceção centrada no utilizador. A utilização de APIs em Python para aplicações meteorológicas evidenciou os benefícios práticos da integração de fontes de dados externas em sistemas de gestão urbana. Além disso, a aplicação de bases de dados relacionais, algoritmos de programação em tempo real e tecnologias de drones mostrou as diversas formas como os dados podem ser aproveitados para otimizar as operações urbanas.

10.4- Referências

1. **Batty, M.** (2013). *A nova ciência das cidades*. MIT Press.
2. **Chourabi, H., Nam, T., Walker, S., Gil-Garcia, J. R., Mellouli, S., Nahon, K., Pardo, T. A., & Scholl, H. J.** (2012). "Compreendendo as cidades inteligentes: An Integrative Framework". *Actas da 45.ª Conferência Internacional do Havai sobre Ciências do Sistema*, 2289-2297.
3. **Glaeser, E. L.** (2011). *Triumph of the City: How Our Greatest Invention Makes Us Richer, Smarter, Greener, Healthier, and Happier [Como a nossa maior invenção nos torna mais ricos, inteligentes, ecológicos, saudáveis e felizes*]. Penguin Press.
4. **Hollands, R. G.** (2008). "A verdadeira cidade inteligente pode levantar-se? Inteligente, progressista ou empreendedora?" *City*, 12(3), 303-320.
5. **Kitchin, R.** (2014). *A revolução dos dados: Big Data, Open Data, Data Infrastructures and Their Consequences*. Sage Publications.
6. **Nam, T., & Pardo, T. A.** (2011). "Conceptualizing Smart City with Dimensions of Technology, People, and Institutions" [Conceptualização de uma cidade inteligente com dimensões de tecnologia, pessoas e instituições]. *Actas da 12.ª Conferência Internacional Anual sobre Investigação em Governo Digital*, 282-291.

7. **Townsend, A. M.** (2013). *Cidades inteligentes: Big Data, Civic Hackers, and the Quest for a New Utopia*. W. W. Norton & Company.

MIX
Papier aus verantwortungsvollen Quellen
Paper from responsible sources
FSC® C105338

Printed by Books on Demand GmbH, Norderstedt / Germany